6 급 기초 4 과정

한자를 쉽게 배울 수 있어요.

# 해법 급수 한자

천재교육
www.chunjae.co.kr

# 차례

# 13주차 통신 배우기

종소리를 **통해** 신호를 알리다! **通** (통할 통)

말에는 **믿음**이 있어야 해! **信** (믿을 신)

관리로 **하여금** 일을 하게 하다! **使** (하여금/부릴 사)

**쓰임**이 많은 나무! **用** (쓸 용)

**공평하게** 나누자! **公** (공평할 공)

**함께** 물건을 바치다! **共** (한가지 공)

감옥에 갇히지 않아 **다행**이다! **幸** (다행 행)

전차를 **옮기다**! **運** (옮길 운)

우현아, 야구하자~ 어? 지금 뭐 하는 거야?

동주구나? 우리 멍돌이를 훈련시키고 있어. 내 말을 얼마나 잘 듣는다고.

에이, 거짓말. 개가 어떻게 사람 말을 알아들어? 내 눈으로 직접 보기 전까지는 못 믿을 것 같아.

그럼 한번 볼래? 멍돌아, 저기 있는 야구 공 물어 와.

멍 멍

어때? 이제 믿을[信] 수 있겠지?

우와~ 진짜네!

信

강아지를 부릴[使] 수 있다니 너 정말 대단하다.

뭘 이 정도 가지고.

使

그런데 손에 들고 있는 봉지는 뭐야?

이거? 너랑 같이 나눠 먹으려고 빵 좀 가지고 왔어.

4

이번 주에 배울 한자들을 미리 보는 곳이에요. 만화를 보면서 한 자에 대해 흥미를 가질 수 있도록 지도해 주세요.

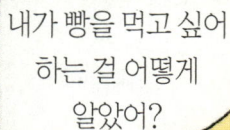
내가 빵을 먹고 싶어 하는 걸 어떻게 알았어?

어쩐지 빵을 사고 싶더라. 역시 우린 뭔가 통하는 〔通〕 게 있나 봐.

와~ 맛있겠다.

이렇게 반절을 자르면 공평하게 〔公〕 나누어 먹을 수 있지. 자, 이거 먹어.

고마워. 잘 먹을게.

그런데 멍돌이도 먹고 싶은가 봐.

멍돌이도 같이 나누어 먹자.

맛있게 잘 먹었어.

이제 우리 야구를 시작해 볼까?

그래, 좋아. 내가 공을 던질게.

에이, 잘 좀 맞춰 봐.

알았어.

와, 이번엔 맞췄다.

떼구르루

딱

공이 장독 사이로
굴러 들어갔어.
어떻게 하지?

이 나무 막대를
써서〔用〕
꺼내 보자.

用

이걸로 꺼내 봐.

잠깐만,
어! 공이 거의 다 나왔어.

그래도 장독을 깨지 않아서
다행〔幸〕이야.

幸

자, 그럼 다시 던진다.

그래, 우리
조심히 놀자.

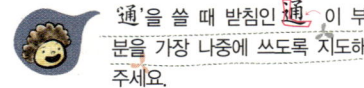

'通'을 쓸 때 받침인 辶 이 부분을 가장 나중에 쓰도록 지도해 주세요.

🌼 종소리를 **통해** 신호를 알리다! 通(통할 통)

이 문을 열면 나만의 비밀 장소로 **통하는** 길이 나와.

甬 + 辶 → 通

'通'은 종(甬)을 치면 종소리가 울려(辵=辶) 신호로 전달되는 것을 나타낸 글자로, '**통하다**' 를 뜻합니다.

**필순**에 따라 쓰며 확실하게 **외워** 봐요

フ マ 丙 丙 角 甬 甬 涌 涌 通

通

훈 통할 음 통

(辵(辶)부, 총 11획)

| 通 | 通 | 通 | 通 | 通 |
|---|---|---|---|---|
| 통할 통 | 통할 통 | 통할 통 | 통할 통 | 통할 통 |
| 通 | 通 | 通 | 通 | 通 |
| 통할 통 | 통할 통 | 통할 통 | 통할 통 | 통할 통 |

**어떻게** 쓰일까?

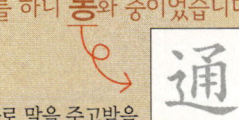

• 자동차 한 대가 **통로**를 막고 있습니다.

→ 通

＊通路(통로) : 통하여 다니는 길

• 집으로 전화를 하니 **통화** 중이었습니다.

→ 通

＊通話(통화) : 전화로 말을 주고받음

漢字 퀴즈

훈·음에 알맞은 한자를 빈 칸에 써 보세요.

통할 통

말에는 **믿음**이 있어야 해! 信(믿을 신)

제발 제 말을
**믿어**주십시오.

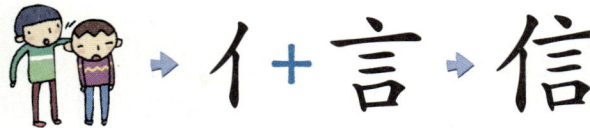

'信'은 사람[人 = 亻]이 하는 말[言]에는 믿음
이 있어야 한다는 데서 '**믿다**'를 뜻합니다.

\* '信(믿을 신)'과 음이 같은 한자에는 '新(새 신)'이 있습니다.

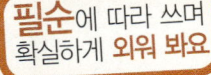
**필순**에 따라 쓰며
확실하게 **외워 봐요**

丿 亻 亻 亻 亻 信 信 信 信

훈 믿을 음 신

(人(亻)부, 총 9획)

| 信 | 信 | 信 | 信 | 信 |
|---|---|---|---|---|
| 믿을 신 | 믿을 신 | 믿을 신 | 믿을 신 | 믿을 신 |
| 信 | 信 | 信 | 信 | 信 |
| 믿을 신 | 믿을 신 | 믿을 신 | 믿을 신 | 믿을 신 |
| | | | | |
| | | | | |

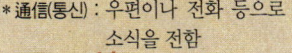
**어떻게** 쓰일까?

• 외부와 통**신**이 끊겼습니다.

\*通信(통신) : 우편이나 전화 등으로
소식을 전함

• 장사는 **신**용이 생명입니다.

\*信用(신용) : 믿어 의심하지 않음

信

信

한자의 알맞은 훈과 음을 찾아 선으로 이어 보
세요.

通 •

• 민다

• 신

信 •

• 통하다

• 통

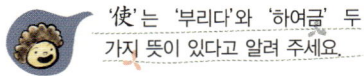

'使'는 '부리다'와 '하여금' 두 가지 뜻이 있다고 알려 주세요.

🌼 관리로 **하여금** 일을 하게 하다! 使 (하여금/부릴 **사**)

일꾼을 **부려** 공사를 빨리 끝마치도록 하여라.

亻 + 吏 ▸ 使

'使'는 높은 사람(人 = 亻)이 관리(吏)에게 일을 시키는 것을 나타낸 글자로, '**하여금/부리다**'을 뜻합니다.

'시키어, 하게 하여'라는 뜻

**필순**에 따라 쓰며 확실하게 **외워 봐요**

丿 亻 亻 乍 乍 伊 使 使

(훈) 하여금/부릴 (음) 사

(人(亻)부, 총 8획)

| 使 | 使 | 使 | 使 | 使 |
|---|---|---|---|---|
| 하여금 사 | 부릴. 사 | 하여금 사 | 부릴 사 | 하여금 사 |
| 使 | 使 | 使 | 使 | 使 |
| 하여금 사 | 부릴 사 | 하여금 사 | 부릴 사 | 하여금 사 |
| | | | | |

**어떻게** 쓰일까?

• 왕의 명을 받은 **使**자가 말을 타고 왔습니다.

\* 使者(사자) : 명령이나 부탁을 받고 심부름 하는 사람

• 이순신 장군은 맡은 바 **使**명을 다하셨습니다.

使

\* 使命(사명) : 맡겨진 임무

漢字 퀴즈

❶ 훈·음에 알맞은 한자를 빈 칸에 써 보세요.

부릴 사

用 이 획을 쓸 때 마지막 끝이
위로 삐칠 수 있게 지도해 주세요.

## 🌼 쓰임이 많은 나무! 用(쓸 용)

나무는 정말 쓰임이 많아.

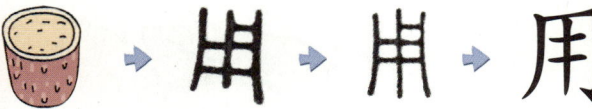

'用'은 속이 빈 나무통의 모양을 나타낸 글자로,
그릇으로 쓰는 등 생활에 쓰임이 많다는 데서
'쓰다'를 뜻합니다.

\* 한자 성어 – 時事用語(시사용어) : 여러 가지 사회적 사건에 관련된 용어

## 필순에 따라 쓰며 확실하게 외워 봐요

丿 冂 月 月 用

훈 쓸 음 용

(用부, 총 5획)

| 用 | 用 | 用 | 用 | 用 |
|---|---|---|---|---|
| 쓸 용 | 쓸 용 | 쓸 용 | 쓸 용 | 쓸 용 |
| 用 | 用 | 用 | 用 | 用 |
| 쓸 용 | 쓸 용 | 쓸 용 | 쓸 용 | 쓸 용 |

## 어떻게 쓰일까?

• 아버지는 대중교통을 애용하십니다.

用

\*愛用(애용) : 즐겨 사용함

• 어른들께는 존댓말을 사용해야 합니다.

用

\*使用(사용) : 일정한 목적이나 용도에
맞게 씀

## 漢字 퀴스

 한자의 알맞은 훈과 음을 찾아 ○해 보세요.

用

| 훈 | 음 |
|---|---|
| 쓸 | 용 |
| 부릴 | 사 |
| 믿을 | 신 |

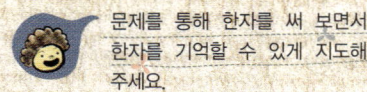

문제를 통해 한자를 써 보면서 한자를 기억할 수 있게 지도해 주세요.

🔍 훈·음에 알맞은 한자를 빈 칸에 써 보세요.

믿을 신

쓸 용

통할 통

부릴 사

🍃 通,信,使,用 다시 한번 쓱쓱!

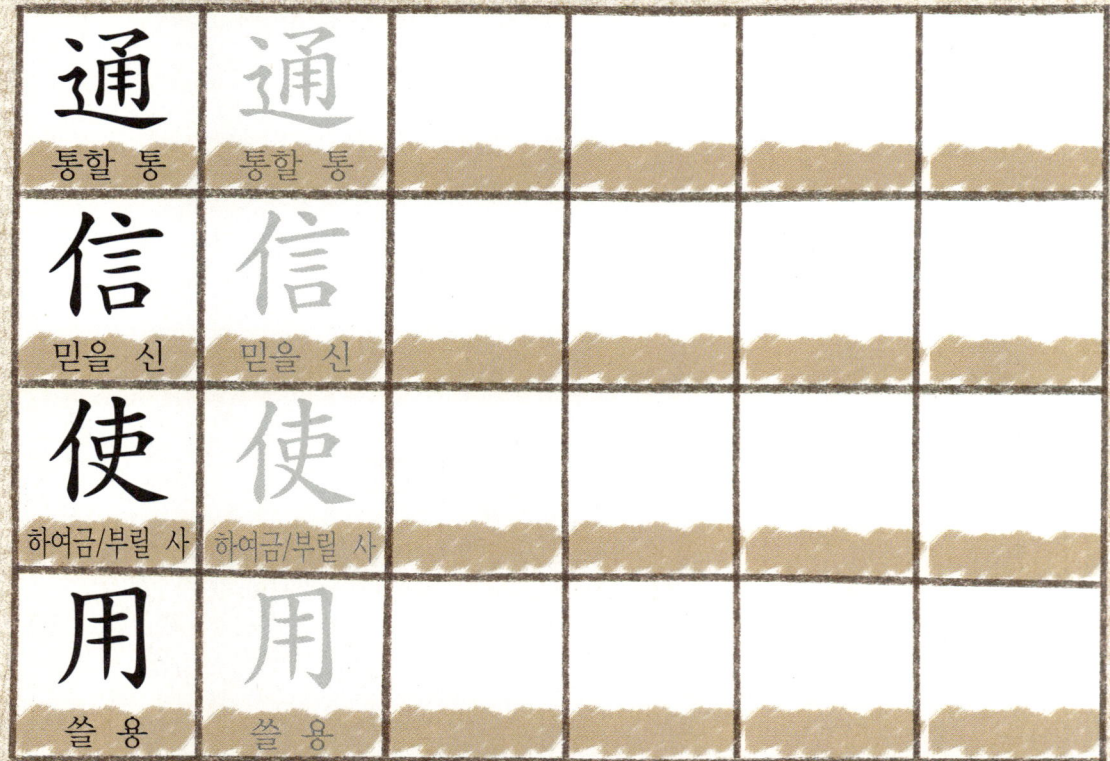

| 通 | 通 | | | | |
|---|---|---|---|---|---|
| 통할 통 | 통할 통 | | | | |
| 信 | 信 | | | | |
| 믿을 신 | 믿을 신 | | | | |
| 使 | 使 | | | | |
| 하여금/부릴 사 | 하여금/부릴 사 | | | | |
| 用 | 用 | | | | |
| 쓸 용 | 쓸 용 | | | | |

확인하기
通 통할 통 信 믿을 신 使 하여금/부릴 사 用 쓸 용

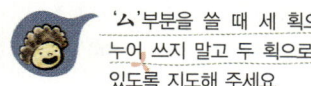
'ㅅ'부분을 쓸 때 세 획으로 나
누어 쓰지 말고 두 획으로 쓸 수
있도록 지도해 주세요.

🌼 **공평하게** 나누자! **公** (공평할 공)

이렇게 자르면 **공평하게**
나누어 먹을 수 있어.

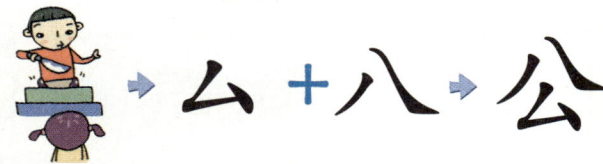
ㅅ + 八 → 公

'**公**'은 사사로운〔ㅅ〕 것을 공평하게 나눈〔八〕
다는 데서 '**공평하다**'를 뜻합니다.

**필순**에 따라 쓰며
확실하게 **외워 봐요**

丿 八 公 公

| 公 | 公 | 公 | 公 | 公 |
|---|---|---|---|---|
| 공평할 공 | 공평할 공 | 공평할 공 | 공평할 공 | 공평할 공 |
| 公 | 公 | 公 | 公 | 公 |
| 공평할 공 | 공평할 공 | 공평할 공 | 공평할 공 | 공평할 공 |

훈 **공평할** 음 **공**

(八부, 총 4획)

**어떻게** 쓰일까?

• **공공** 시설은 아껴서 사용해야 합니다.

\* 公共(공공) : 사회의 모든 사람과 관
계 됨

• 마술 비법은 절대 **공개**할 수 없습니다.

\* 公開(공개) : 여러 사람에게 널리 터
놓음

公

公

漢字 퀴즈

● 훈이 '공평하다'인 한자를 찾아 ○해 보세요.

 通     公     用

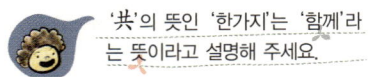
'共'의 뜻인 '한가지'는 '함께'라는 뜻이라고 설명해 주세요.

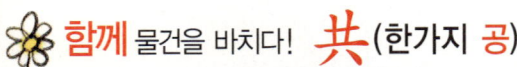
🌼 **함께** 물건을 바치다! 共 (한가지 공)

힘을 모아 **함께** 들고 가자.

'共'은 제사를 지낼 때 두 사람이 양 손으로 함께 물건을 바치는 모습을 나타낸 글자로, '한가지(함께)'를 뜻합니다.

\* '共(한가지 공)'과 훈이 같은 한자에는 '同(한가지 동)'이 있고, 음이 같은 한자에는 '公(공평할 공)'이 있습니다.

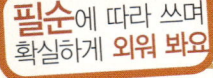
**필순**에 따라 쓰며 확실하게 **외워 봐요**

一 十 卄 艹 芇 共

共

훈 한가지  음 공

(八부, 총 6획)

| | | | | |
|---|---|---|---|---|
| 共 | 共 | 共 | 共 | 共 |
| 한가지 공 | 한가지 공 | 한가지 공 | 한가지 공 | 한가지 공 |
| 共 | 共 | 共 | 共 | 共 |
| 한가지 공 | 한가지 공 | 한가지 공 | 한가지 공 | 한가지 공 |
| | | | | |
| | | | | |

**어떻게 쓰일까?**

• 대상은 두 팀이 **공동** 수상했습니다.

共

\* 共同(공동) : 여러 사람이 함께 함

• 사물과 동물의 **공통점**을 찾아보았습니다.

共

\* 共通(공통) : 여럿 사이에 서로 같거나 관계되는 것

漢字 퀴즈

🌀 한자어의 알맞은 독음을 빈 칸에 써 보세요.

公共

'幸'은 '행복'이라는 뜻도 있다고 알려 주세요.

감옥에 갇히지 않아 **다행**이다! 幸 (다행 행)

다행히 지각하지 않았어.

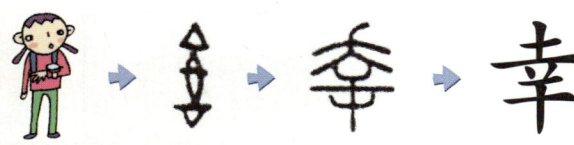

'幸'은 칼을 쓰고 감옥에 갇히지 않아 다행이라는 데서 '다행'을 뜻합니다.

* '幸(다행 행)'과 음이 같은 한자에는 '行(다닐 행)'이 있습니다.
* 한자 성어 – 千萬多幸(천만다행) : 매우 다행함

**필순**에 따라 쓰며 확실하게 **외워 봐요**

一 十 土 卉 吉 吉 查 幸

幸

훈 다행  음 행

(干부, 총 8획)

**어떻게** 쓰일까?

• 시험에 합격해서 다**행**입니다.

幸

*多幸(다행) : 뜻밖에 일이 잘되어 좋음

• 불**행**이 닥쳐도 꿋꿋하게 살아야 합니다.

幸

*不幸(불행) : 행복하지 아니함

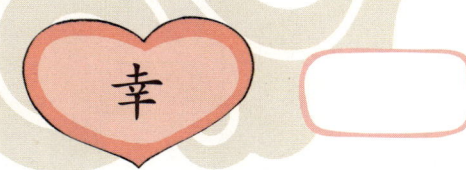
漢字 퀴즈

한자의 알맞은 훈·음을 빈 칸에 써 보세요.

幸

'運'에서 'ⅰ'을 빼면 '軍(군사 군)'이 된다고 알려 주세요.
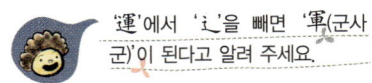

전차를 **옮기다**! 運(옮길 운)

이삿짐을 트럭으로 **옮겨** 싣겠습니다.

辶 + 軍 → 運

'運'은 군사〔軍〕들이 전차를 옮겨 앞으로 나아 가는 것〔辶=辶〕을 나타낸 글자로, '**옮기다**'를 뜻합니다.

---

**필순**에 따라 쓰며 확실하게 **외워 봐요**

一 ア ア ㄢ ㄢ ㄢ ㄢ ㄢ 軍 軍 運 運 運

運

훈 **옮길**  음 **운**

(辵(辶)부, 총 13획)

| 運 | 運 | 運 | 運 | 運 |
|---|---|---|---|---|
| 옮길 운 | 옮길 운 | 옮길 운 | 옮길 운 | 옮길 운 |
| 運 | 運 | 運 | 運 | 運 |
| 옮길 운 | 옮길 운 | 옮길 운 | 옮길 운 | 옮길 운 |
|  |  |  |  |  |
|  |  |  |  |  |

---

**어떻게** 쓰일까?

• 복권에 당첨되는 행**운**을 얻었습니다.

→ 運

* 幸運(행운) : 좋은 운수

• 이 곡은 베토벤의 **운**명 교향곡입니다.

→ 運

* 運命(운명) : 이미 정해져 있는 목 숨이나 처지

---

漢字 **퀴**즈

한자의 알맞은 훈 · 음을 찾아 선으로 이어 보 세요.

幸 •

• 옮길 운

運 •

• 다행 행

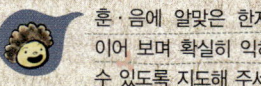

훈·음에 알맞은 한자를 선으로 이어 보며 확실히 익히고 넘어갈 수 있도록 지도해 주세요.

🔍 훈·음에 알맞은 한자를 찾아 선으로 이어 보세요.

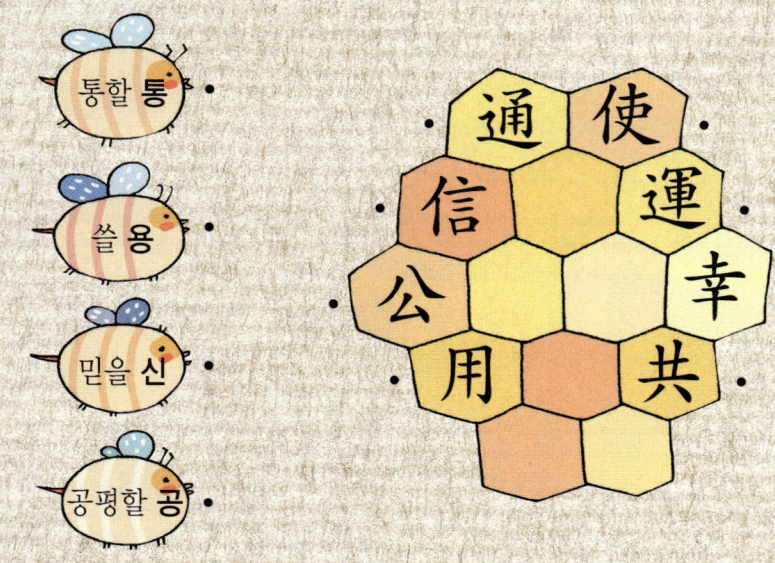

통할 통

쓸 용

믿을 신

공평할 공

옮길 운

하여금/부릴 사

한가지 공

다행 행

通 使 信 運 公 幸 用 共

🏐 公, 共, 幸, 運 다시 한번 쓱쓱!

| 公 | 公 | | | | |
|---|---|---|---|---|---|
| 공평할 공 | 공평할 공 | | | | |
| 共 | 共 | | | | |
| 한가지 공 | 한가지 공 | | | | |
| 幸 | 幸 | | | | |
| 다행 행 | 다행 행 | | | | |
| 運 | 運 | | | | |
| 옮길 운 | 옮길 운 | | | | |

확인하기

通 통할 통   信 믿을 신   使 하여금/부릴 사   用 쓸 용
公 공평할 공 共 한가지 공 幸 다행 행    運 옮길 운

# 끝장내기

01 02 **03** 04 05

 한자어의 뜻을 아이가 쉽게 이해
하도록 설명해 주세요.

🥬 한자어를 읽으면서 써 보세요.

**使用(사용) : 일정한 목적이나 용도에 맞게 씀**

| 使用 | 使用 | 使用 | | |
|---|---|---|---|---|
| 사 용 | 사 용 | 사 용 | | |

**公共(공공) : 사회의 모든 사람과 관계 됨**

| 公共 | 公共 | 公共 | | |
|---|---|---|---|---|
| 공 공 | 공 공 | 공 공 | | |

**幸運(행운) : 좋은 운수**

| 幸運 | 幸運 | 幸運 | | |
|---|---|---|---|---|
| 행 운 | 행 운 | 행 운 | | |

**通信(통신) : 우편이나 전화 등으로 소식을 전함**

| 通信 | 通信 | 通信 | | |
|---|---|---|---|---|
| 통 신 | 통 신 | 통 신 | | |

**通話(통화) : 전화로 말을 주고받음**

| 通話 | 通話 | 通話 | | |
|---|---|---|---|---|
| 통 화 | 통 화 | 통 화 | | |

**使命(사명) : 맡겨진 임무**

| 使命 | 使命 | 使命 | | |
|---|---|---|---|---|
| 사 명 | 사 명 | 사 명 | | |

**共同(공동) : 여러 사람이 함께 함**

| 共同 | 共同 | 共同 | | |
|---|---|---|---|---|
| 공 동 | 공 동 | 공 동 | | |

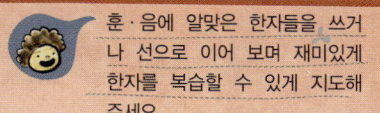

**12주차 되새김** 12주차에서 배운 한자를 모두 기억하고 있나요?
문제를 풀며 확인해 보세요.

훈·음에 알맞은 한자를 〈보기〉에서 찾아 빈 칸에 써 보세요.

**보기**

注 油 急 行 速

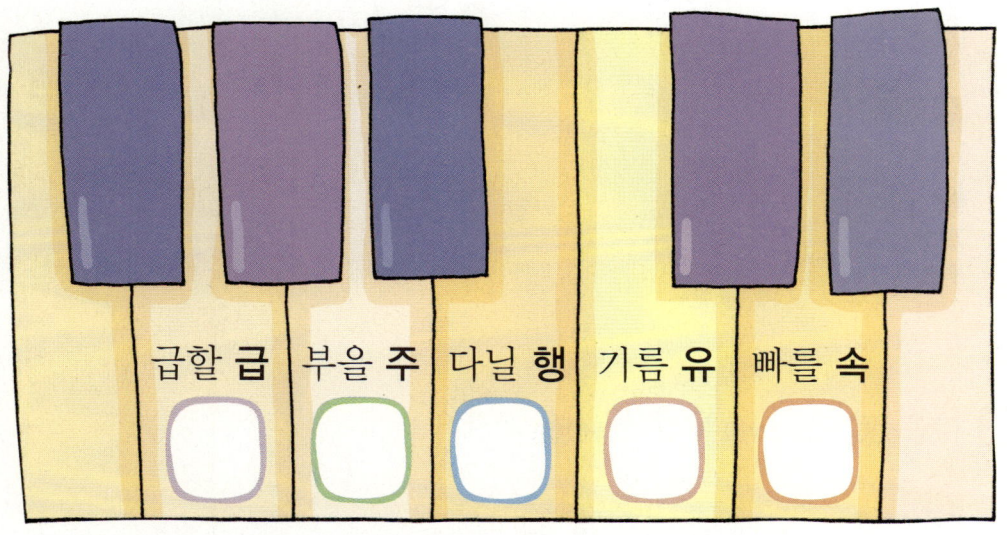

급할 **급**　부을 **주**　다닐 **행**　기름 **유**　빠를 **속**

한자의 알맞은 훈·음을 찾아 선으로 이어 보세요.

 高 ·

 路 ·

 線 ·

· 길 **로**

· 줄 **선**

· 높을 **고**

# 내 것만들기

배운 한자들을 시험 유형에 맞게 적용한 것입니다. 아이들이 당황하지 않고 풀 수 있도록 지도해 주세요.

**1** 다음 漢字(한자)의 訓(훈)과 音(음)을 쓰세요.

> **보기**
>
> 字 ➡ 글자 자

❶ 使 (          )  　❷ 信 (          )

❸ 通 (          )  　❹ 共 (          )

❺ 公 (          )  　❻ 用 (          )

❼ 運 (          )  　❽ 幸 (          )

> \* '信(믿을 신)'
> '言(말씀 언)' 앞에 'イ(사람 인)'이 있으면 '사람[人=イ]의 말[言]은 믿을만 하다'라는 데서 '信(믿을 신)'.

**2** 다음 漢字語(한자어)의 讀音(독음)을 쓰세요.

> **보기**
>
> 漢字 ➡ 한자

❶ 通信 (          )  　❷ 使用 (          )

❸ 公共 (          )  　❹ 幸運 (          )

❺ 通話 (          )  　❻ 共同 (          )

❼ 使命 (          )  　❽ 高速 (          )

❾ 注油 (          )  　❿ 線路 (          )

⓫ 急行 (          )  　⓬ 共通 (          )

> \* '公(공평할 공)'과 '共(한가지 공)' : '八(여덟 팔)'이 크게 들어가 있어 '공평하게 반으로 나눈다'는 데서 '公(공평할 공)' 더하기(十) 모양과 비슷한 '共'이 있어 '한가지(함께)로 더한다'는 데서 '共(한가지 공).'

**3** 다음 밑줄 친 漢字語(한자어)를 漢字(한자)로 쓰세요.

보기

한자 ➡ 漢字

❶ <u>주유소</u>에 들러 기름을 넣었습니다.        (                )

❷ <u>행운</u>의 네 잎 클로버를 주웠습니다.        (                )

❸ 전화 <u>통화</u> 요금이 많아 올랐습니다.        (                )

❹ 명절에는 <u>고속</u>도로가 많이 막힙니다.        (                )

❺ 버스를 탈 때 교통 카드를 <u>사용</u>합니다.        (                )

❻ 우리는 맡은 바 <u>사명</u>을 다해야 합니다.        (                )

❼ <u>선로</u>에 이상이 생겨 전철이 멈췄습니다.        (                )

❽ <u>공공</u> 시설을 함부로 훼손하면 안 됩니다.        (                )

❾ 많은 비가 내려 <u>통신</u> 상태가 좋지 않습니다.        (                )

❿ 한국과 일본이 월드컵을 <u>공동</u> 개최하였습니다.        (                )

**4** 다음에서 소리는 같으나 뜻이 다른 漢字(한자)를 찾아 그 번호를 쓰세요.

❶ 共 : ① 公    ② 信    ③ 用    ④ 使    (                )

❷ 信 : ① 通    ② 幸    ③ 新    ④ 運    (                )

❸ 幸 : ① 高    ② 油    ③ 急    ④ 行    (                )

**5** 다음 ( )에 들어갈 漢字(한자)를 〈보기〉에서 찾아 그 번호를 쓰세요.

보기

① 用  ② 使  ③ 信  ④ 運  ⑤ 幸  ⑥ 公

❶ 時事( )語  ❷ 千萬多( )

**6** 다음 漢字(한자)와 뜻이 같거나 비슷한 漢字(한자)를 찾아 그 번호를 쓰세요.

❶ 共 : ① 幸  ② 信  ③ 同  ④ 用  ( )

**7** 다음 뜻을 가진 단어를 쓰세요.

보기

노인이나 약한 사람 ➡ 노약자

❶ 좋은 운수                ( )

❷ 사회의 사람과 관계 됨          ( )

❸ 우편이나 전화 등으로 소식을 전함   ( )

**8** ❶ 用

㉠ 획의 쓰는 순서를 아래에서 찾아 번호를 쓰세요. ( )

① 두 번째        ② 세 번째
③ 네 번째        ④ 다섯 번째

❷ 運

㉠ 획의 쓰는 순서를 아래에서 찾아 번호를 쓰세요. ( )

① 여덟 번째       ② 아홉 번째
③ 열두 번째       ④ 열세 번째

'천만다행'의 뜻을 확실히 알고 쓸 수 있도록 지도해 주세요.

# 千 萬 多 幸 (천만다행)

일천 **천**　　일만 **만**　　많을 **다**　　다행 **행**

'千萬多幸'이란 이를 데 없이[千萬] 다행[多幸]이라는 뜻으로, '매우 다행함'을 나타내는 말입니다.

## '千萬多幸'을 써 보세요.

# 기억하기

 마지막으로 이번 주에 배운 한자를 정리하는 코너입니다. 큰 소리로 읽으며 쓰도록 지도해 주세요.

이번 주에 배운 한자를 모두 써 보세요.

| 通 | 通 | | | | | | |
|---|---|---|---|---|---|---|---|
| 통할 통 | 통할 통 | | | | | | |

| 信 | 信 | | | | | | |
|---|---|---|---|---|---|---|---|
| 믿을 신 | 믿을 신 | | | | | | |

| 使 | 使 | | | | | | |
|---|---|---|---|---|---|---|---|
| 하여금/부릴 사 | 하여금/부릴 사 | | | | | | |

| 用 | 用 | | | | | | |
|---|---|---|---|---|---|---|---|
| 쓸 용 | 쓸 용 | | | | | | |

| 公 | 公 | | | | | | |
|---|---|---|---|---|---|---|---|
| 공평할 공 | 공평할 공 | | | | | | |

| 共 | 共 | | | | | | |
|---|---|---|---|---|---|---|---|
| 한가지 공 | 한가지 공 | | | | | | |

| 幸 | 幸 | | | | | | |
|---|---|---|---|---|---|---|---|
| 다행 행 | 다행 행 | | | | | | |

| 運 | 運 | | | | | | |
|---|---|---|---|---|---|---|---|
| 옮길 운 | 옮길 운 | | | | | | |

# 14 주차 회사 배우기

그릇과 뚜껑이 **모이다**! 會 (모일 회)

함께 **모여** 제사를 지내다! 社 (모일 사)

물건을 **구분하다**! 區 (구분할 구)

칼로 베어 둘로 **나누다**! 分 (나눌 분)

그릇과 뚜껑을 **합하다**! 合 (합할 합)

옥을 칼로 쪼개어 **나누다**! 班 (나눌 반)

나무틀에 **업무**(일)를 기록하다! 業 (업 업)

큰 물건을 **반**으로 나누다! 半 (반 반)

# 운동회

운동회날

지금부터 청군과 백군으로 팀을 나누어 [分] 운동회를 진행하겠습니다.

分

班

운동장에 있는 학생들은 청군과 백군으로 나누어 [班] 줄을 서세요.

다 모였나요 [會]? 줄다리기 경기에 앞서 먼저 준비 운동을 하겠어요.

네~

會

이번 주에 배울 한자들을 미리 보는 곳이에요. 만화를 보면서 한 자에 흥미를 가질 수 있도록 지도해 주세요.

백군 이겨라!

청군 이겨라!

콩 주머니 던지기를 하면 오늘 일정의 반〔半〕이 끝나게 됩니다. 이 경기가 끝난 후에는 맛있는 점심 식사 시간입니다.

半

청군과 백군 선수들은 모두 운동장으로 모여〔社〕 주세요.

와

社

28

마지막으로 이어달리기를 하겠습니다. 백군과 청군 대표 선수들은 운동장으로 나와 주세요.

서로 **구분할** [區] 수 있게 백군은 흰색 배턴을 청군은 파란색 배턴을 들고 뛰세요.

와! 우리 청군이 먼저 들어왔다.

운동회가 모두 끝났습니다. 여러분 모두가 승리자입니다. 이제 집으로 돌아가기 전에 마지막으로 주위를 깨끗이 치우는 일 [業] 을 해야겠지요?

# 한자씩 ①1 ②2 ③3 ④4 ⑤5

'會'의 생성 원리를 설명해 주세요.

🌼 그릇과 뚜껑이 **모이다**! 會 (모일 **회**)

체육 시간이야.
모두 운동장으로 **모여**.

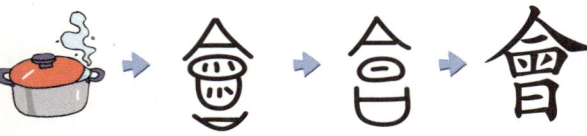

'會'는 그릇에 뚜껑을 덮은 모양을 나타낸 글자로, '**모이다**'를 뜻합니다.

**필순**에 따라 쓰며
확실하게 **외워 봐요**

ノ 人 ㅅ ㅅ 合 合 合 合 合 會 會 會 會

| 會 | 會 | 會 | 會 | 會 |
|---|---|---|---|---|
| 모일 회 | 모일 회 | 모일 회 | 모일 회 | 모일 회 |
| 會 | 會 | 會 | 會 | 會 |
| 모일 회 | 모일 회 | 모일 회 | 모일 회 | 모일 회 |

훈 모일 음 회

(曰부, 총 13획)

## 어떻게 쓰일까?

• 오늘 저녁에 **회**식이 있습니다.

會

\* 會食(회식) : 여러 사람이 모여 함께
음식을 먹음

• 환경 보호 집**회**에 참가하였습니다.

會

\* 集會(집회) : 여러 사람이 어떤 목적을
위해 일시적으로 모임

漢字 퀴즈

 독음에 맞는 한자어가 되도록 빈 칸에 알맞은
한자를 써 보세요.

| 집 | 회 |
|---|---|

集

 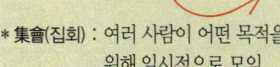

뜻이 같은 '會(모일 회)'와 '社(모일 사)'가 합쳐져 '공동 생활을 하는 집단'이라는 뜻의 '社會(사회)'가 된다고 알려 주세요.

 함께 **모여** 제사를 지내다! 社(모일 사)

조상님께 절을 해야하니 모두 **모이거라.**

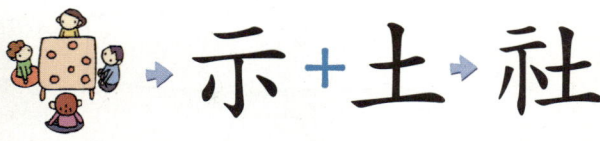
示 + 土 → 社

'社'는 토지(土)의 신에게 제사(示)를 지내기 위해 많은 사람이 모인다는 데서 '**모이다**'를 뜻합니다.

\* 社(모일 사)와 훈이 같은 한자에는 '會(모일 회)'가 있습니다.

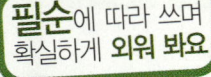 **필순**에 따라 쓰며 확실하게 **외워 봐요**

一 亅 亍 亓 示 社 社

**훈** 모일 **음** 사

(示부, 총 8획)

| 社 | 社 | 社 | 社 | 社 |
|---|---|---|---|---|
| 모일 사 | 모일 사 | 모일 사 | 모일 사 | 모일 사 |
| 社 | 社 | 社 | 社 | 社 |
| 모일 사 | 모일 사 | 모일 사 | 모일 사 | 모일 사 |

**어떻게** 쓰일까?

• 우리는 모두 **社**회의 구성원입니다.
社
\* 社會(사회) : 공동 생활을 하는 집단
• 우리 아버지는 회**社**의 사장님이십니다.
社
\* 會社(회사) : 이익을 목적으로 하는 단체

 漢字 퀴즈

훈은 같고 음이 다른 한자들입니다. 두 한자의 공통된 훈을 써 보세요.

 社   會

훈 _____

02 03 04 05

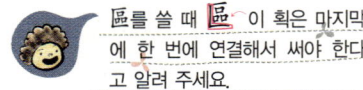
匯를 쓸 때 匸 이 획은 마지막에 한 번에 연결해서 써야 한다고 알려 주세요.

🌼 물건을 **구분하다**! 區(구분할 구)

모양이 같은 것끼리 **구분해** 담아야지.

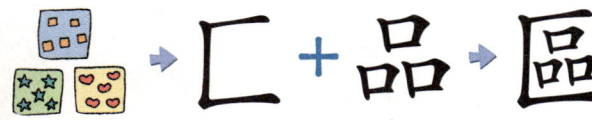
匸 + 品 ▸ 區

'區'는 많은 물건(品)을 구분지어 갈라놓은(匸) 것을 나타낸 글자로, '**구분하다**'를 뜻합니다.

**필순**에 따라 쓰며 확실하게 **외워 봐요**

一 亓 亓 匸 匸 品 品 品 品 區

⑪ 區
훈 구분할  음 구
(匸부, 총 11획)

| 區 | 區 | 區 | 區 | 區 |
|---|---|---|---|---|
| 구분할 구 | 구분할 구 | 구분할 구 | 구분할 구 | 구분할 구 |
| 區 | 區 | 區 | 區 | 區 |
| 구분할 구 | 구분할 구 | 구분할 구 | 구분할 구 | 구분할 |

**어떻게** 쓰일까?

• 이곳은 공사 **구**간입니다.
\*區間(구간) : 어떤 지점과 다른 지점과의 사이
• 옳고 그른 일을 **구**분해야 합니다.
\*區分(구분) : 일정한 기준에 따라 구별하여 나눔

區
區

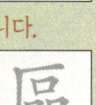  漢字 퀴즈
❶ 한자의 알맞은 훈·음을 찾아 ○해 보세요.

區

구분할 구
물건 품
모일 회

자원도 함께 읽으면 한자의 뜻과 음을 더욱 쉽게 이해할 수 있다고 알려 주세요.

 칼로 베어 둘로 **나누다**! 分 (나눌 **분**)

사과가 한 개밖에 없으니 반으로 **나누어** 먹자.

八 + 刀 ▸ 分

'分'은 칼〔刀〕로 베어 둘로 나누는〔八〕 것을 나타낸 글자로, '**나누다**'를 뜻합니다.

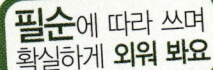 **필순**에 따라 쓰며 확실하게 **외워 봐요**

丿 八 分 分

훈 나눌   음 분

(刀부, 총 4획)

| 分 | 分 | 分 | 分 | 分 |
|---|---|---|---|---|
| 나눌 분 | 나눌 분 | 나눌 분 | 나눌 분 | 나눌 분 |
| 分 | 分 | 分 | 分 | 分 |
| 나눌 분 | 나눌 분 | 나눌 분 | 나눌 분 | 나눌 분 |

**어떻게** 쓰일까?

• 글의 마지막 **부분**에 주제가 있습니다.

分

*部分(부분) : 전체를 몇 개로 나눈 것 중의 하나

• 방 안이 어두워 주위를 **분**별하기 어렵습니다.

分

*分別(분별) : 서로 다른 일이나 사물을 구별하여 가름

 漢字 퀴즈

두 한자가 합쳐져 만들어지는 한자와 그 한자의 훈·음을 써 보세요.

 八

+

 刀    훈·음 _____

앞에서 배운 한자를 모두 확인할 수 있는 문제예요. 재미있게 풀 수 있도록 도와 주세요.

훈·음에 알맞은 한자를 찾아 빈 칸에 써 보세요.

會, 社, 區, 分 다시 한번 쓱쓱!

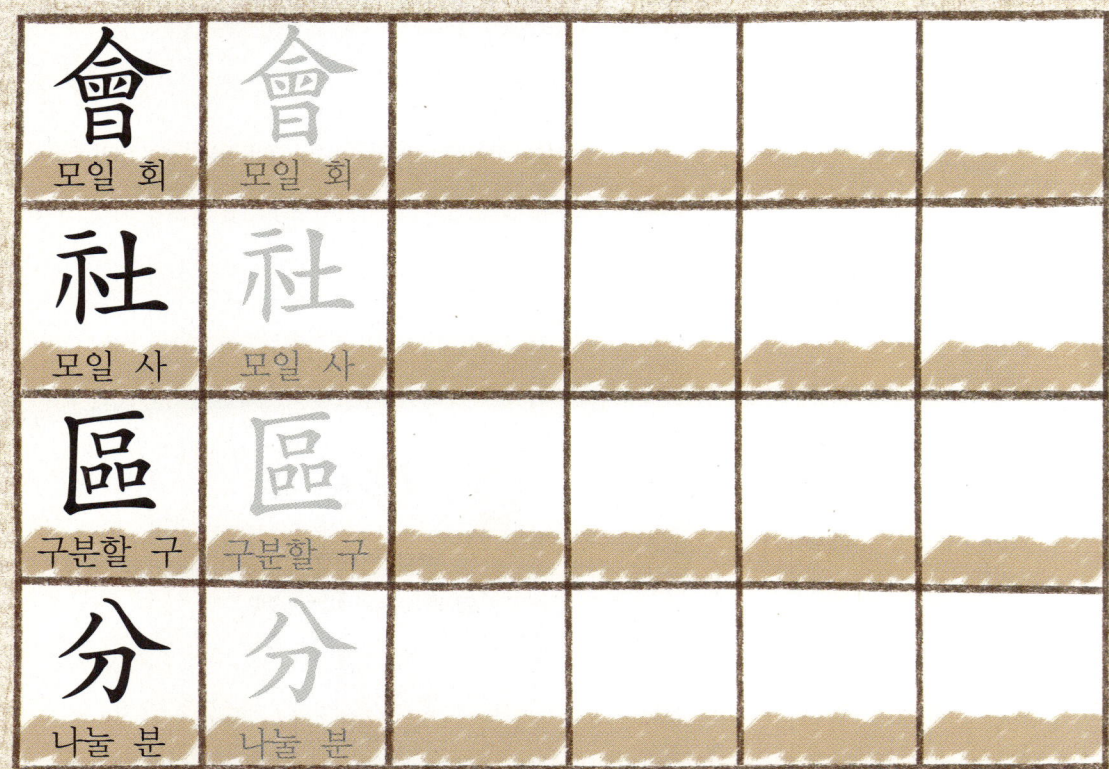

| 會 | 會 | | | | |
|---|---|---|---|---|---|
| 모일 회 | 모일 회 | | | | |
| 社 | 社 | | | | |
| 모일 사 | 모일 사 | | | | |
| 區 | 區 | | | | |
| 구분할 구 | 구분할 구 | | | | |
| 分 | 分 | | | | |
| 나눌 분 | 나눌 분 | | | | |

확인하기 會 모일 회 社 모일 사 區 구분할 구 分 나눌 분

해법 급수한자 6급

'合'과 '會(모일 회)'는 모양이 비슷하므로 혼동하지 않도록 지도해 주세요.

🌼 그릇과 뚜껑을 **합하다**! 合(합할 합)

상자 위에 뚜껑을 덮어서 하나로 **합해** 놔야지.

스 + 口 ➡ 合

'合'은 그릇〔口〕 위에 뚜껑〔스〕을 덮은 모양을 나타낸 글자로, '**합하다**'를 뜻합니다.

\* '合(합할 합)'과 훈이 반대 되는 한자에는 '分(나눌 분)'이 있습니다.

**필순**에 따라 쓰며 확실하게 **외워 봐요**

丿 人 스 수 合 合

| | | | | |
|---|---|---|---|---|
| 合 | 合 | 合 | 合 | 合 |
| 합할 합 | 합할 합 | 합할 합 | 합할 합 | 합할 합 |
| 合 | 合 | 合 | 合 | 合 |
| 합할 합 | 합할 합 | 합할 합 | 합할 합 | 합할 합 |

훈 합할 음 합

(口부, 총 6획)

**어떻게** 쓰일까?

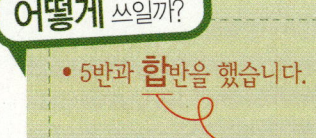

• 5반과 **합**반을 했습니다.

\*合班(합반) : 두 학급 이상을 합함

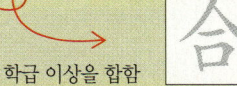

• 3시까지 정문으로 집**합**하세요.

\*集合(집합) : 한 곳으로 모임

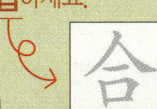

漢字 퀴즈

훈·음에 알맞은 한자를 찾아 ○해 보세요.

합할 합

 會     分     合

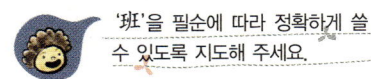'班'을 필순에 따라 정확하게 쓸 수 있도록 지도해 주세요.

🌼 옥을 칼로 쪼개어 **나누다**! 班(나눌 반)

우정의 표시로 이 옥패를 둘로 쪼개어 **나누어** 갖자.

珏 + 刀 ▸ 班

'班'은 칼[刀 = 刂]로 옥을 둘로 쪼개어[珏] 나누어 갖는다는 데서 '**나누다**'를 뜻합니다.

* '班(나눌 반)'과 훈이 같은 한자에는 '分(나눌 분)'이 있습니다.

**필순**에 따라 쓰며 **확실하게 외워 봐요**

一 二 丰 王 玨 玗 珒 珒 班 班

班 班 班 班 班
나눌 반 나눌 반 나눌 반 나눌 반 나눌 반
班 班 班 班 班
나눌 반 나눌 반 나눌 반 나눌 반 나눌 반

훈 나눌 음 반
(玉(王)부, 총 10획)

**어떻게** 쓰일까?

• 민정이는 우리 학급의 **반**장입니다.

班

*班長(반장) : 반을 대표하는 사람
• 우리 학교는 영어 시간에 분**반** 수업을 합니다.

班

*分班(분반) : 한 반을 여러 반으로 나눔

漢字 퀴즈

🌀 훈은 같고 음이 다른 한자입니다. 두 한자의 공통된 훈을 빈 칸에 써 보세요.

分   班

'業'의 뜻에서 '업'은 '일' 또는 '업무'를 뜻한다고 알려 주세요.

나무틀에 **업무**(일)를 기록하다! 業(업 업)

 이제 이 업무(일)만 끝내면 되겠군.

茉 ➜ 茉 ➜ 業

'業'은 악기를 걸어두던 톱니 모양의 나무틀에 기록한 문서를 나타낸 글자로, '업(일)'을 뜻합니다.

**필순**에 따라 쓰며 확실하게 **외워 봐요**

業 (13)

훈 업  음 업

(木부, 총 13획)

Ⅰ Ⅱ 业 业 뽀 뽀 业 业 业 業 業

| 業 | 業 | 業 | 業 | 業 |
|---|---|---|---|---|
| 업 업 | 업 업 | 업 업 | 업 업 | 업 업 |
| 業 | 業 | 業 | 業 | 業 |
| 업 업 | 업 업 | 업 업 | 업 업 | 업 업 |

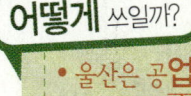 **어떻게** 쓰일까?

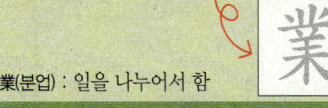

• 울산은 공**업** 도시입니다.

業

＊工業(공업) : 원료를 가공하여 유용한 물자로 만드는 산업

• 우리 집은 집안일을 분**업**합니다.

業

＊分業(분업) : 일을 나누어서 함

漢字 퀴즈

 독음에 맞는 한자어가 되도록 빈 칸에 알맞은 한자를 써 보세요.

공 업 ── 工

분 업 ── 分

'半'을 쓸 때 半 양쪽 점을 먼저 쓰도록 지도해 주세요.
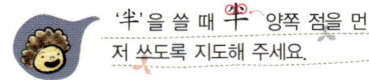

🌼 큰 물건을 **반**으로 나누다! 半(반 반)

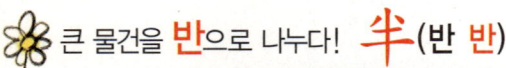

엄마가 케익을 **반**으로 잘라 놓으셨네.

八 **+** 牛 **▶** 半

'半'은 소(牛)처럼 큰 물건을 반으로 나누는 (八) 것을 나타낸 글자로, '반'을 뜻합니다.

* '半(반 반)'과 음이 같은 한자에는 '班(나눌 반)'이 있습니다.

**필순**에 따라 쓰며 확실하게 **외워 봐요**

` ` ` 半 半

| 半 | 半 | 半 | 半 | 半 |
|---|---|---|---|---|
| 반 반 | 반 반 | 반 반 | 반 반 | 반 반 |
| 半 | 半 | 半 | 半 | 半 |
| 반 반 | 반 반 | 반 반 | 반 반 | 반 반 |

半

훈 **반** 음 **반**

(十부, 총 5획)

**어떻게** 쓰일까?

• 할머니의 머리가 **반**백이 되었습니다.

半

*半白(반백) : 흰 머리카락이 절반 정도 섞인 머리

• 삼촌은 **반**년이 지난 후에야 돌아왔습니다.

半

*半年(반년) : 한 해의 반

漢字 퀴즈

● 한자의 알맞은 훈·음을 빈 칸에 써 보세요.

半

班

이번 주에 배운 한자를 모두 확인할 수 있는 문제예요. 아이가 한자를 확실하게 알고 있는지 확인해 주세요.

자신있게 |漢|字|끝|내|기|
01 **02** 03 04 05

 한자의 알맞은 훈·음을 빈 칸에 써 보세요.

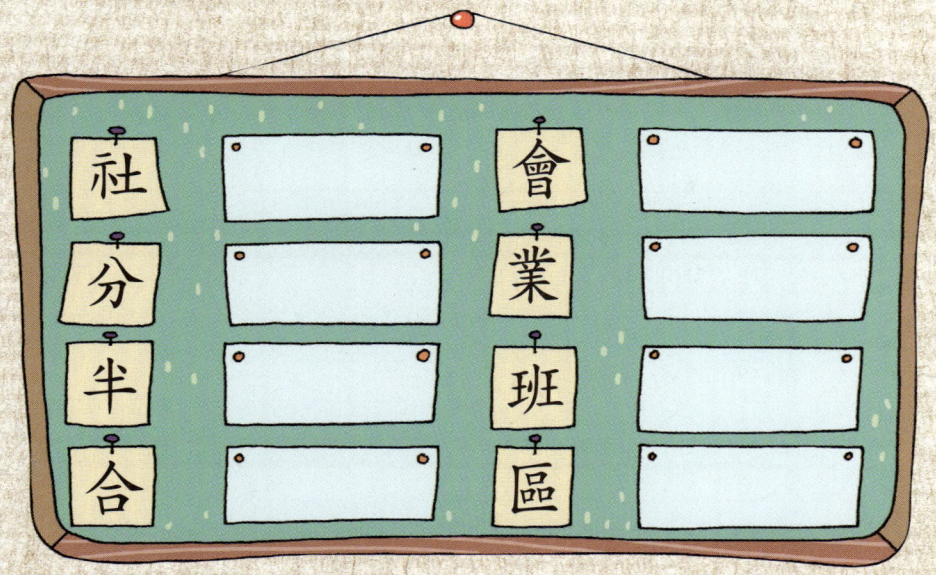

合, 班, 業, 半 다시 한번 쓱쓱!

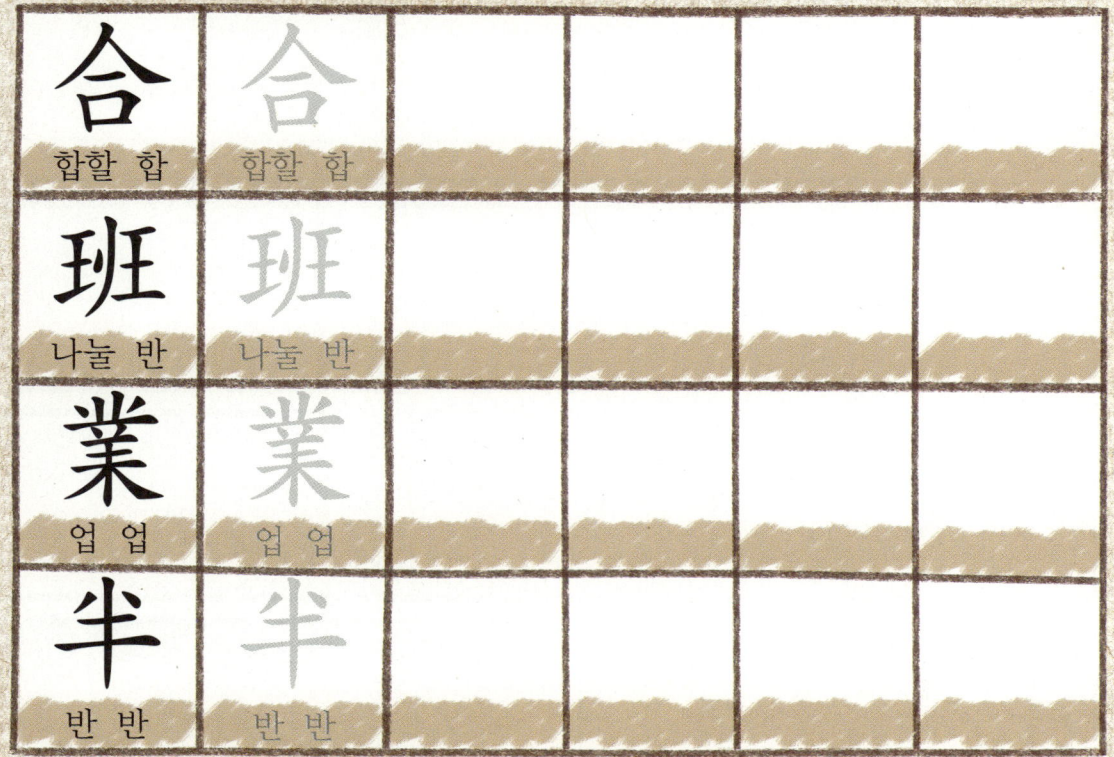

| 合 | 合 | | | | |
|---|---|---|---|---|---|
| 합할 합 | 합할 합 | | | | |
| 班 | 班 | | | | |
| 나눌 반 | 나눌 반 | | | | |
| 業 | 業 | | | | |
| 업 업 | 업 업 | | | | |
| 半 | 半 | | | | |
| 반 반 | 반 반 | | | | |

확인하기
會 모일 회 社 모일 사 區 구분할 구 分 나눌 분 合 합할 합 班 나눌 반 業 업 업 半 반 반

끝장내기

이번 주에 배운 한자를 활용한 한자어입니다. 한자어의 뜻을 설명해 주세요.

🌿 한자어를 읽으면서 써 보세요.

**會社(회사) : 이익을 목적으로 하는 단체**

| 會社 | 會社 | 會社 | | |
|------|------|------|---|---|
| 회 사 | 회 사 | 회 사 | | |

**區分(구분) : 일정한 기준에 따라 구별하여 나눔**

| 區分 | 區分 | 區分 | | |
|------|------|------|---|---|
| 구 분 | 구 분 | 구 분 | | |

**社會(사회) : 공동 생활을 하는 집단**

| 社會 | 社會 | 社會 | | |
|------|------|------|---|---|
| 사 회 | 사 회 | 사 회 | | |

**分班(분반) : 한 반을 여러 반으로 나눔**

| 分班 | 分班 | 分班 | | |
|------|------|------|---|---|
| 분 반 | 분 반 | 분 반 | | |

**合班(합반) : 두 학급 이상을 합함**

| 合班 | 合班 | 合班 | | |
|------|------|------|---|---|
| 합 반 | 합 반 | 합 반 | | |

**分業(분업) : 일을 나누어서 함**

| 分業 | 分業 | 分業 | | |
|------|------|------|---|---|
| 분 업 | 분 업 | 분 업 | | |

**半年(반년) : 한 해의 반**

| 半年 | 半年 | 半年 | | |
|------|------|------|---|---|
| 반 년 | 반 년 | 반 년 | | |

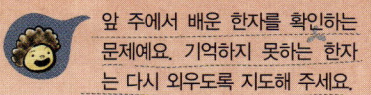
**13**주차 되새김 13주차에서 배운 한자를 모두 기억하고 있나요?
문제를 풀며 확인해 보세요.

훈·음에 알맞은 한자를 빈 칸에 써 보세요.

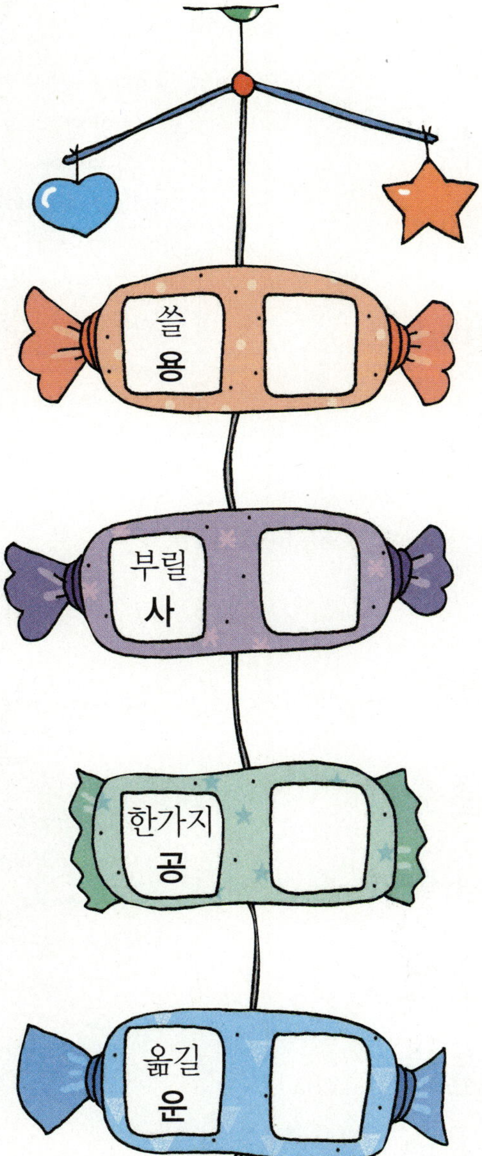

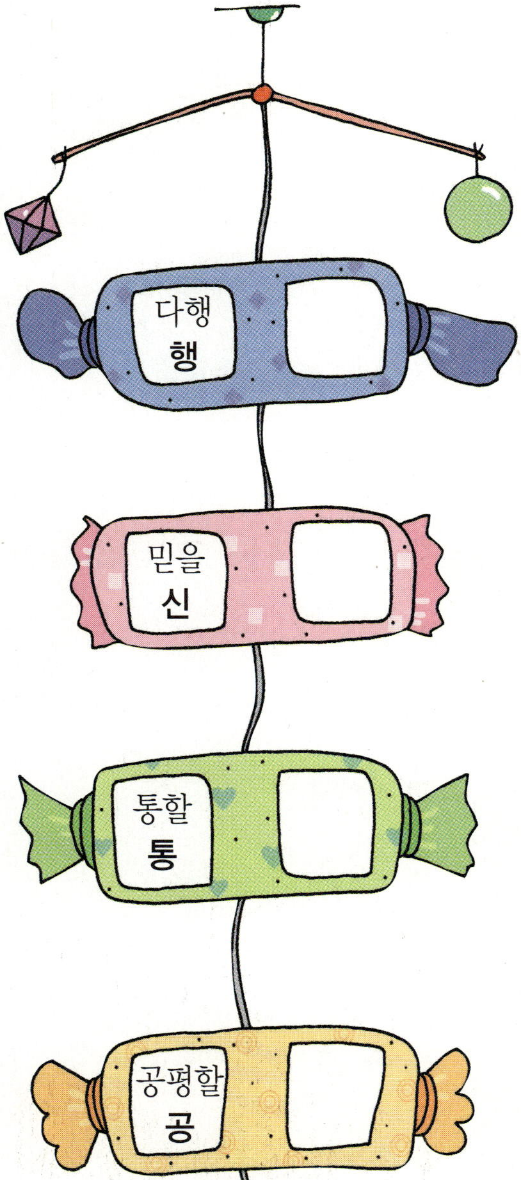

쓸
용

다행
행

부릴
사

믿을
신

한가지
공

통할
통

옮길
운

공평할
공

 배운 한자를 시험 유형에 적용한 것입니다. 아이들이 당황하지 않고 풀 수 있도록 지도해 주세요.

**1** 다음 漢字(한자)의 訓(훈)과 音(음)을 쓰세요.

보기

字 ➡ 글자 자

❶ 社 (          )        ❷ 合 (          )

❸ 區 (          )        ❹ 半 (          )

❺ 業 (          )        ❻ 會 (          )

❼ 分 (          )        ❽ 班 (          )

> *모양이 비슷한 한자 合(합할 합)과 會(모일 회) : '人' 아래에 '口(입 구)'가 있어 입이 합쳐진다는 데서 '合(합할 합)'이고, '人' 아래에 '日(날 일)'이 있어 날마다 모인다는 데서 '會(모일 회)'.

**2** 다음 漢字語(한자어)의 讀音(독음)을 쓰세요.

보기

漢字 ➡ 한자

❶ 會社 (          )        ❷ 區分 (          )

❸ 分班 (          )        ❹ 社會 (          )

❺ 合班 (          )        ❻ 分業 (          )

❼ 半年 (          )        ❽ 通信 (          )

❾ 公共 (          )        ❿ 使用 (          )

⓫ 幸運 (          )        ⓬ 共用 (          )

> *'나누다'라는 뜻의 한자인 '分(나눌 분)'과 '班(나눌 반)'이 합쳐져 '한 반을 여러 반으로 나눔'의 뜻인 分班(분반)'이 됩니다.

**3** 다음 밑줄 친 漢字語(한자어)를 漢字(한자)로 쓰세요.

> 보기
>
> 한자 ▶ 漢字

❶ 이 가방은 남녀 공용입니다. ( )

❷ 아버지는 회사에 출근하셨습니다. ( )

❸ 어린이는 우리 사회의 희망입니다. ( )

❹ 수학 시간에는 분반 수업을 합니다. ( )

❺ 통신의 발달로 생활이 편리해졌습니다. ( )

❻ 사용한 물건은 제자리에 정리해 주세요. ( )

❼ 친구가 전학을 간 지 반년이 되었습니다. ( )

❽ 책을 종류별로 구분하여 정리하였습니다. ( )

❾ 체육 시간에 3반과 합반 수업을 했습니다. ( )

**4** 다음 漢字(한자)의 反對字(반대자) 또는 相對字(상대자)를 찾아 그 번호를 쓰세요.

❶ 分 : ① 共　　② 合　　③ 區　　④ 用　　( )

**5** 다음에서 소리는 같으나 뜻이 다른 漢字(한자)를 찾아 그 번호를 쓰세요.

❶ 半 : ① 分　　② 班　　③ 會　　④ 區　　( )

**6** 다음 漢字(한자)와 뜻이 비슷한 漢字(한자)를 찾아 그 번호를 쓰세요.

❶ 會 : ① 業   ② 半   ③ 社   ④ 公       (        )

❷ 班 : ① 半   ② 合   ③ 行   ④ 分       (        )

**7** 다음 뜻을 가진 단어를 쓰세요.

> 보기
> 중국에서 만들어진 글자 ➡ 한자

❶ 공동 생활을 하는 집단                  (          )

❷ 한 반을 여러 반으로 나눔                (          )

❸ 일정한 기준에 따라 구별하여 나눔        (          )

**8** ❶ 半

㉠ 획의 쓰는 순서를 아래에서 찾아 번호를 쓰세요. (          )

① 두 번째          ② 세 번째

③ 네 번째          ④ 다섯 번째

❷ 業

㉠ 획의 쓰는 순서를 아래에서 찾아 번호를 쓰세요. (          )

① 아홉 번째        ② 열 번째

③ 열한 번째        ④ 열두 번째

만화를 통해서 한자 성어를 재미있
게 배울 수 있도록 지도해 주세요.

# 作 心 三 日 (작심삼일)

지을 **작**　　마음 **심**　　석 **삼**　　날 **일**

'作心三日'은 마음〔心〕 먹은〔作〕 것이 삼일〔三日〕을 가지 못한다는 뜻으로,
'결심이 굳지 못함'을 나타내는 말입니다.

'作心三日'을 써 보세요.

마지막으로 이번 주에 배운 한자를 정리하는 곳입니다. 큰 소리로 읽으며 쓰도록 지도해 주세요.

이번 주에 배운 한자를 모두 써 보세요.

| 會 | 會 | | | | | |
|---|---|---|---|---|---|---|
| 모일 회 | 모일 회 | | | | | |

| 社 | 社 | | | | | |
|---|---|---|---|---|---|---|
| 모일 사 | 모일 사 | | | | | |

| 區 | 區 | | | | | |
|---|---|---|---|---|---|---|
| 구분할 구 | 구분할 구 | | | | | |

| 分 | 分 | | | | | |
|---|---|---|---|---|---|---|
| 나눌 분 | 나눌 분 | | | | | |

| 合 | 合 | | | | | |
|---|---|---|---|---|---|---|
| 합할 합 | 합할 합 | | | | | |

| 班 | 班 | | | | | |
|---|---|---|---|---|---|---|
| 나눌 반 | 나눌 반 | | | | | |

| 業 | 業 | | | | | |
|---|---|---|---|---|---|---|
| 업 업 | 업 업 | | | | | |

| 半 | 半 | | | | | |
|---|---|---|---|---|---|---|
| 반 반 | 반 반 | | | | | |

# 15주차 기타I 배우기

하늘의 변화는 **귀신**의 뜻! **神** (귀신 신)
마을에 서서 노는 **아이**! **童** (아이 동)
아들의 아들이 이어진 **손자**! **孫** (손자 손)
깃발 아래 화살을 들고 **겨레**가 모이다! **族** (겨레 족)
**오얏** 나무에 열린 열매! **李** (오얏/성 리)
나무 껍질과 같은 **순박함**! **朴** (순박할/성 박)
**예도**를 다하여 제사를 지냄! **禮** (예도 례)
장인은 일정한 **법**에 따라 도구를 만든다! **式** (법 식)
수확한 벼를 **화목하게** 나누어 먹다! **和** (화할/화목할 화)
**법식**에 따라 의식을 치르다! **例** (법식 례)

보름달이 참 둥그렇네. 내일은 풍성한 한가위가 되겠구나.

학교에서 한가위는 우리 겨레〔族〕의 큰 명절이라고 배웠어요.

그래, 한가위가 되면 가을에 거두어들인 곡식과 과일로 조상님께 차례를 지내고, 또…….

族

온 가족이 모여 화목한〔和〕 시간을 보낸다고요?

그렇지! 우리 아들 제법인데?

和

이번 주에 배울 한자들을 미리 보는 곳이에요. 만화를 보면서 한자에 흥미를 가질 수 있도록 지도해 주세요.

아빠, 우리 할아버지의 할아버지도 우리와 같은 전주 이(李)씨지요?

그렇지, 우리 똘똘이가 바로 그분들의 손자(孫)란다.

옆집 희망이네는 밀양 박(朴)씨라고 했으니까 희망이는 밀양 박씨의 후손이겠네요.

그렇지! 우리 똘똘이는 하나를 가르쳐 주면 열을 아는 구나. 하하하.

학교에서 한가위에 대해 또 무엇을 배웠니?

차례를 지낼 때는 상 차리는 법(式)이 있다고 했어요.

다음날 아침

아이〔童〕들은 어른들이 먼저 절을 하고 난 후에 절을 올리도록 해라.

돌아가신 조상님들이 귀신〔神〕이 되어서 이 음식을 다 드시는 거예요?

떽! 조상님께 귀신이 뭐니?

예절〔禮〕에 맞게 조상님들께 절을 올리도록 하거라.

차례를 다 지냈으니 이제 아침을 먹자.

 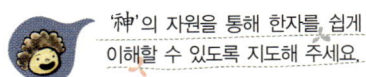
'神'의 자원을 통해 한자를 쉽게 이해할 수 있도록 지도해 주세요.

 하늘의 변화는 **귀신**의 뜻! 神(귀신 신)

으악! 귀신이 나올 것 같아!

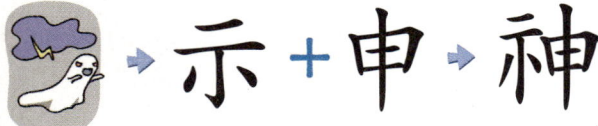 示 + 申 ▸ 神

'神'은 옛날 사람들은 번개(申)가 치는 등의 하늘의 변화를 신(示)의 행위라고 생각했다는 데서 '귀신'을 뜻합니다.

\* '神(귀신 신)'과 음이 같은 한자에는 '新(새 신)'이 있습니다.

**필순**에 따라 쓰며 확실하게 **외워 봐요**

一 二 亍 示 示 示 和 和 神 神

훈 **귀신** 음 **신**

(示부, 총 10획)

| 神 | 神 | 神 | 神 | 神 |
|---|---|---|---|---|
| 귀신 신 | 귀신 신 | 귀신 신 | 귀신 신 | 귀신 신 |
| 神 | 神 | 神 | 神 | 神 |
| 귀신 신 | 귀신 신 | 귀신 신 | 귀신 신 | 귀신 신 |
| | | | | |

**어떻게** 쓰일까?

• 내 동생은 영어 **신동**입니다.

\*神童(신동) : 재주와 슬기가 남달리 뛰어난 아이

神

• **신당** 안에서는 조용히 해야 합니다.

神

\*神堂(신당) : 신령을 모셔 놓은 집

漢字 퀴즈

훈이 다르고 음은 같은 한자들입니다. 한자들의 공통된 음을 써 보세요.

 身   新   神

 음 _____

'童(아이 동)'은 '立(설 립)'과 '里(마을 리)'가 합쳐져 만들어진 한자라고 설명해 주세요.

 마을에 서서 노는 **아이!** 童(아이 동)

 **아이**들이 노는 것을 보고 있으면 시간이 금방 가요.

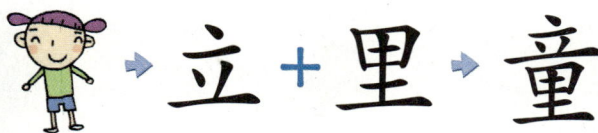 立 + 里 ▶ 童

'童'은 마을(里)에 서서(立) 노는 아이를 나타낸 글자로, '아이'를 뜻합니다.

**필순**에 따라 쓰며 확실하게 **외워 봐요**

立 产 产 音 音 音 童 童

童 / 아이 동 (5회 반복)
童 / 아이 동 (5회 반복)

훈 아이  음 동
(立부, 총 12획)

**어떻게** 쓰일까?

• 엄마가 **동**화를 읽어 주십니다.
  童
* 童話(동화) : 어린이를 위하여 지은 이야기
• **동**심의 세계는 맑고 순수합니다.
  童
* 童心(동심) : 어린이의 마음

漢字 퀴즈

밑줄 친 단어가 훈이고, 음이 '동'인 한자를 빈 칸에 써 보세요.

**아이**야! 이 동네에 우체국이 어디 있는지 아니?

53

'孫'에서 '손자'는 '아들의 아들' 뿐만 아니라 '모든 자손'을 뜻한다고 알려 주세요.

🌸 아들의 아들이 이어진 **손자**! 孫 (손자 손)

아들과 손자랑 함께 산책을 하니 기분이 더욱 좋구나.

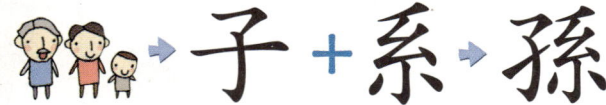
子 + 系 → 孫

'孫'은 아들[子]의 아들[子]로 계속 이어진다[系]는 데서 '손자'를 뜻합니다.

\* '孫(손자 손)'과 훈이 반대 되는 한자에는 '祖(할아비 조)'가 있습니다.

**필순**에 따라 쓰며 확실하게 **외워 봐요**

了 子 子 子 孖 孖 孫 孫 孫

훈 손자  음 손
(子부, 총 10획)

| 孫 | 孫 | 孫 | 孫 | 孫 |
|---|---|---|---|---|
| 손자 손 | 손자 손 | 손자 손 | 손자 손 | 손자 손 |
| 孫 | 孫 | 孫 | 孫 | 孫 |
| 손자 손 | 손자 손 | 손자 손 | 손자 손 | 손자 손 |

**어떻게** 쓰일까?

• 옆집 할머니는 <u>손자</u>가 많습니다.

孫

\* 孫子(손자) : 아들의 아들 또는 딸의 아들

• 후**손**에게 깨끗한 자연을 물려주어야 합니다.

孫

\* 後孫(후손) : 자신의 세대에서 여러 세대가 지난 뒤의 자녀

漢字 퀴즈

단어들에 공통으로 들어 있는 글자에 ○하고, 그 글자에 알맞은 한자와 그 한자의 훈·음을 써 보세요.

손자   손녀   후손

훈·음

54

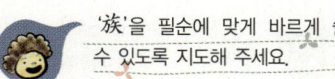 '族'을 필순에 맞게 바르게 쓸 수 있도록 지도해 주세요.

깃발 아래 화살을 들고 **겨레**가 모이다! 族 (겨레 족)

우리 **겨레**가 힘을 합쳐 적을 물리칩시다!

 ➡ 放 + 矢 ➡ 族

'族'은 전쟁이 나면 한 깃발〔放〕 아래에 같은 핏줄의 무리가 화살〔矢〕을 들고 모여서 적을 물리쳤다는 데서 '겨레'를 뜻합니다.

**필순**에 따라 쓰며 확실하게 **외워 봐요**

훈 겨레 음 족

(方부, 총 11획)

` ` ` ⺀ 亠 方 方 ⽅ 扩 扩 族 族

| 族 | 族 | 族 | 族 | 族 |
|---|---|---|---|---|
| 겨레 족 | 겨레 족 | 겨레 족 | 겨레 족 | 겨레 족 |
| 族 | 族 | 族 | 族 | 族 |
| 겨레 족 | 겨레 족 | 겨레 족 | 겨레 족 | 겨레 족 |

**어떻게** 쓰일까?

• 우리는 같은 민**족**입니다.

*民族(민족) : 공동생활을 하고 공통된 언어와 문화를 가진 사회 집단

族

• 명절에는 가**족**이 모두 모입니다.

*家族(가족) : 혼인이나 혈연으로 맺어진 집단

族

 漢字 퀴즈

훈이 '겨레'인 한자를 찾아 ○해 보세요.

族　神　孫

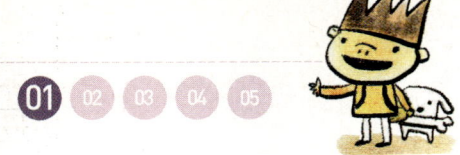

'李'에서 '오얏'은 '자두'를 뜻하고, '성'은 사람의 성씨를 뜻한다고 알려 주세요. 성이 이씨인 사람들이 쓰는 한자가 바로 '李'입니다.

🌼 **오얏** 나무에 열린 열매! **李**(오얏/성 리)

내 성은 한자로 '오얏 리'야. 너는?

木 + 子 ➡ 李

'李'는 열매〔子〕가 많이 열리는 오얏(자두) 나무〔木〕를 나타낸 글자로, '오얏/성'을 뜻합니다.

\* '李(오얏/성 리)'와 음이 같은 한자에는 '理(다스릴 리)'가 있습니다.

**필순**에 따라 쓰며 확실하게 **외워 봐요**

一 十 オ 木 杢 李 李

李 李 李 李 李
오얏/성 리 | 오얏/성 리 | 오얏/성 리 | 오얏/성 리 | 오얏/성 리

李 李 李 李 李
오얏/성 리 | 오얏/성 리 | 오얏/성 리 | 오얏/성 리 | 오얏/성 리

훈 오얏/성   음 리

(木부, 총 7획)

**어떻게** 쓰일까?

• 옆집 아저씨의 성은 **이**가입니다.

李

\*李家(이가): 성이 이씨인 사람

• 내 친구의 이름은 **이**은혜입니다.

李

漢字 퀴즈

한자의 알맞은 훈·음을 빈 칸에 써 보세요.

李

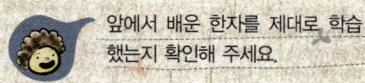

앞에서 배운 한자를 제대로 학습 했는지 확인해 주세요.

한자의 알맞은 훈·음을 찾아 선으로 이어 보세요.

| 童 | 李 | 族 | 神 | 孫 |
|---|---|---|---|---|

 겨레 족     오얏/성 리     아이 동    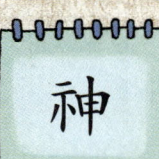 손자 손     귀신 신

神, 童, 孫, 族, 李 다시 한번 쓱쓱!

| 神 | 神 | | | |
|---|---|---|---|---|
| 귀신 신 | 귀신 신 | | | |
| 童 | 童 | | | |
| 아이 동 | 아이 동 | | | |
| 孫 | 孫 | | | |
| 손자 손 | 손자 손 | | | |
| 族 | 族 | | | |
| 겨레 족 | 겨레 족 | | | |
| 李 | 李 | | | |
| 오얏/성 리 | 오얏/성 리 | | | |

확인하기
神 귀신 신 童 아이 동 孫 손자 손 族 겨레 족 李 오얏/성 리

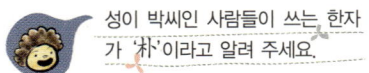
성이 박씨인 사람들이 쓰는 한자
가 '朴'이라고 알려 주세요.

🌼 나무 껍질과 같은 **순박함**! 朴 (순박할/성 박)

산에 있는 나무처럼 자연 그대로의 **순박함**을 항상 지니도록 해라.

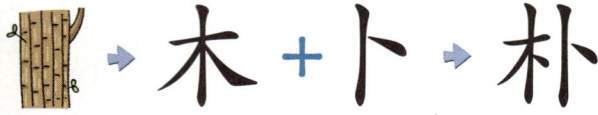
木 + 卜 ▸ 朴

'朴'은 나무(木) 껍질이 소리를 내며 갈라지는 (卜) 자연 그대로의 모습을 나타낸 글자로, '**순박하다/성**'을 뜻합니다.

**필순**에 따라 쓰며 확실하게 **외워 봐요**

一 十 オ 木 朴 朴

훈 순박할/성  음 박

(木부, 총 6획)

| 朴 | 朴 | 朴 | 朴 | 朴 |
|---|---|---|---|---|
| 순박할/성 박 | 순박할/성 박 | 순박할/성 박 | 순박할/성 박 | 순박할/성 박 |
| 朴 | 朴 | 朴 | 朴 | 朴 |
| 순박할/성 박 | 순박할/성 박 | 순박할/성 박 | 순박할/성 박 | 순박할/성 박 |

**어떻게** 쓰일까?

• 내 이름은 **박** 민지입니다.

朴

• 아버지 친구의 성은 **박**가입니다.

朴

＊朴家(박가) : 성이 박씨인 사람

漢字 퀴즈

😊 훈·음에 알맞은 한자를 빈 칸에 써 보세요.

순박할/성 **박**

'禮'를 필순에 따라 정확하게 쓸 수 있도록 지도해 주세요.

**예도**를 다하여 제사를 지냄! 禮(예도 례)

예도란, 예의와 법도를 이르는 말이란다.

示 + 豊 → 禮

'禮'는 음식을 풍성하게〔豊〕 차려 놓고 예의를 다하여 제사〔示〕를 지낸다는 것을 나타낸 글자로, '예도'를 뜻합니다.

## 필순에 따라 쓰며 확실하게 외워 봐요

示 示 和 和 禮 禮 禮 禮 禮 禮 禮 禮 禮

훈 예도 음 례

(示부, 총 18획)

| 禮 | 禮 | 禮 | 禮 | 禮 |
|---|---|---|---|---|
| 예도 례 | 예도 례 | 예도 례 | 예도 례 | 예도 례 |
| 禮 | 禮 | 禮 | 禮 | 禮 |
| 예도 례 | 예도 례 | 예도 례 | 예도 례 | 예도 례 |
| | | | | |
| | | | | |

## 어떻게 쓰일까?

- 선생님께 가볍게 **목례**를 했습니다.

禮

＊目禮(목례) : 눈짓으로 가볍게 하는 인사

- 초대에 대한 답**례**로 선물을 준비했습니다.

禮

＊答禮(답례) : 남에게서 받은 예를 도로 갚음

## 漢字 퀴즈

훈·음에 알맞은 한자를 찾아 ○해 보세요.

예도 례

神 禮 體 業

59

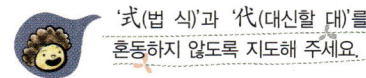
'式(법 식)'과 '代(대신할 대)'를 혼동하지 않도록 지도해 주세요.

🌸 장인은 일정한 **법**에 따라 도구를 만든다! 式 (법 식)

가구를 만드는 데도 일정한 법이 있단다.

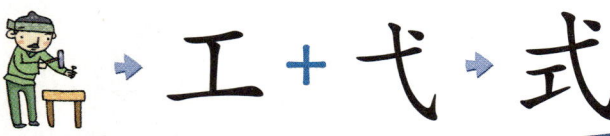

工 + 弋 ▶ 式

'式'은 도구(工)와 끝이 갈라진 막대기(弋)가 합쳐진 글자로, 장인이 도구를 만들 때 일정한 방법이 있다는 데서 '법'을 뜻합니다.

**필순**에 따라 쓰며 확실하게 **외워 봐요**

一 二 亍 式 式

훈 법 음 식

(弋부, 총 6획)

**어떻게** 쓰일까?

• 신랑 신부가 예**식**을 올렸습니다.

式

*禮式(예식) : 예법에 따라 치르는 의식

• 아버지께서 신**식** 오락기를 사 주셨습니다.

式

*新式(신식) : 새로운 방식이나 형식

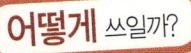 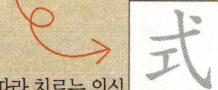

❶ 단어에 맞는 한자어가 되도록 밑줄 친 글자에 알맞은 한자를 빈 칸에 써 보세요.

신식 ──  新

예식 ──  禮

漢字 퀴즈

'和'는 '다른 것과 잘 어울리거나 합해지다, 화목하다'를 뜻한다고 알려 주세요.

수확한 벼를 **화목하게** 나누어 먹다! 和 (화할/화목할 화)

온 가족이 모여 **화목하게** 식사를 하니 기분이 좋구나.

禾 + 口 ➝ 和

'和'는 수확한 벼〔禾〕를 여럿이 나누어 먹게〔口〕 되다라는 데서 '화하다/화목하다'를 뜻합니다.

\* 和(화할 화)와 음이 같은 한자에는 '畫(그림 화)'가 있습니다.

**필순**에 따라 쓰며 확실하게 **외워 봐요**

一 二 千 禾 禾 和 和 和

和

훈 화할  음 화

(口부, 총 8획)

| 和 | 和 | 和 | 和 | 和 |
|---|---|---|---|---|
| 화할 화 | 화할 화 | 화할 화 | 화할 화 | 화할 화 |
| 和 | 和 | 和 | 和 | 和 |
| 화할 화 | 화할 화 | 화할 화 | 화할 화 | 화할 화 |

**어떻게** 쓰일까?

• 날씨가 **온화**합니다.
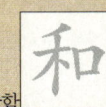
\* 溫和(온화) : 기후가 따뜻하고 화창함
• 이웃 나라와 **화친**을 맺었습니다.

\* 和親(화친) : 서로 의좋게 지냄

漢字 퀴즈

두 한자가 더해져 만들어지는 한자와 그 한자의 훈·음을 빈 칸에 써 보세요.

禾 + 口

훈·음

'例'에서 '법식'은 '법도와 방식'을 뜻한다고 알려 주세요. 또 '例'가 단어의 앞에 올 때는 '례'가 아니라 '예'로 읽어야 한다고 알려 주세요.
예) 例外 : 례외(×), 예외(○)

🌼 **법식**에 따라 의식을 치르다! 例(법식 례)

법식에 따라 국기에 대한 경례를 하겠습니다.

イ + 列 ➡ 例

'例'는 사람(人= イ)들이 줄(列)을 지어 예절에 따라 의식을 치른다는 데서 '법식'을 뜻합니다.

**필순**에 따라 쓰며 확실하게 **외워 봐요**

ノ イ イ 仲 仮 佰 佰 例 例

훈 법식  음 례

(人(イ)부, 총 8획)

| 例 | 例 | 例 | 例 | 例 |
|---|---|---|---|---|
| 법식 례 | 법식 례 | 법식 례 | 법식 례 | 법식 례 |
| 例 | 例 | 例 | 例 | 例 |
| 법식 례 | 법식 례 | 법식 례 | 법식 례 | 법식 례 |

**어떻게** 쓰일까?

• 어떤 법에도 **예외**는 있습니다.

\* 例外(예외) : 일반적 규칙에서 벗어 나는 일

• 선생님께서 **사례**를 들어 설명하십니다.

\* 事例(사례) : 어떤 일이 전에 실제로 일어난 예

例

例

漢字

🔸 훈은 다르고 음이 같은 한자입니다. 한자의 공통된 음을 써 보세요.

禮 예도      例 법식

음 _____

이번 주에 배운 한자를 모두 확인할 수 있는 문제예요. 재미있게 풀 수 있도록 도와 주세요.

훈·음에 알맞은 한자를 빈 칸에 써 보세요.

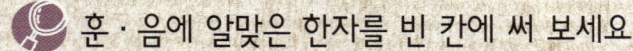

| 손자 손 | 화할 화 | 겨레 족 | 법식 례 | 예도 례 |

| 귀신 신 | 순박할/성 박 | 법 식 | 아이 동 | 오얏/성 리 |

朴, 禮, 式, 和, 例 다시 한번 쓱쓱!

| 朴 순박할/성 박 | 朴 순박할/성 박 | | | | |
| 禮 예도 례 | 禮 예도 례 | | | | |
| 式 법 식 | 式 법 식 | | | | |
| 和 화할 화 | 和 화할 화 | | | | |
| 例 법식 례 | 例 법식 례 | | | | |

이번 주에 배운 한자를 활용한 한자어입니다. 단어의 뜻도 함께 설명해 주세요.

한자어를 읽으면서 써 보세요.

神童(신동) : 재주와 슬기가 남달리 뛰어난 아이

| 神童 | 神童 | 神童 | | |
|---|---|---|---|---|
| 신 동 | 신 동 | 신 동 | | |

禮式(예식) : 예법에 따라 치르는 의식

| 禮式 | 禮式 | 禮式 | | |
|---|---|---|---|---|
| 예 식 | 예 식 | 예 식 | | |

後孫(후손) : 자신의 세대에서 여러 세대가 지난 뒤의 자녀

| 後孫 | 後孫 | 後孫 | | |
|---|---|---|---|---|
| 후 손 | 후 손 | 후 손 | | |

家族(가족) : 혼인이나 혈연으로 맺어진 집단

| 家族 | 家族 | 家族 | | |
|---|---|---|---|---|
| 가 족 | 가 족 | 가 족 | | |

目禮(목례) : 눈짓으로 가볍게 하는 인사

| 目禮 | 目禮 | 目禮 | | |
|---|---|---|---|---|
| 목 례 | 목 례 | 목 례 | | |

事例(사례) : 어떤 일이 전에 실제로 일어난 예

| 事例 | 事例 | 事例 | | |
|---|---|---|---|---|
| 사 례 | 사 례 | 사 례 | | |

和親(화친) : 서로 의좋게 지냄

| 和親 | 和親 | 和親 | | |
|---|---|---|---|---|
| 화 친 | 화 친 | 화 친 | | |

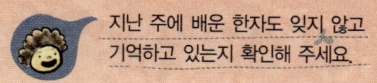

**14**주차 되새김  14주차에서 배운 한자를 모두 기억하고 있나요?
문제를 풀며 확인해 보세요.

한자의 알맞은 훈·음을 빈 칸에 써 보세요.

班

分

會

社

業

半

合

區

# 내 것 만들기

01 02 03 **04** 05

 시험 유형을 적용하여 만든 문제입니다. 틀린 문제는 다시 확인할 수 있도록 지도해 주세요.

**1** 다음 漢字(한자)의 訓(훈)과 音(음)을 쓰세요.

> 보기
>
> 音 ➡ 소리 음

❶ 神 (　　　　)     ❷ 例 (　　　　)

❸ 童 (　　　　)     ❹ 和 (　　　　)

❺ 孫 (　　　　)     ❻ 李 (　　　　)

❼ 式 (　　　　)     ❽ 朴 (　　　　)

❾ 禮 (　　　　)     ❿ 族 (　　　　)

> \* 모양이 비슷한 한자
> '式(법 식)'과 '代(대신할 대)'
> : 弋 아래에 工(장인 공)이 있으면 '式(법 식)', 弋 앞에 亻(人 사람 인)이 있으면 '代(대신할 대)'.

**2** 다음 漢字語(한자어)의 讀音(독음)을 쓰세요.

> 보기
>
> 讀音 ➡ 독음

❶ 神童 (　　　　)     ❷ 後孫 (　　　　)

❸ 家族 (　　　　)     ❹ 區分 (　　　　)

❺ 目禮 (　　　　)     ❻ 分班 (　　　　)

❼ 和親 (　　　　)     ❽ 事例 (　　　　)

❾ 會社 (　　　　)     ❿ 分業 (　　　　)

⓫ 合班 (　　　　)     ⓬ 禮式 (　　　　)

> \* 모양이 비슷한 한자
> '童(아이 동)'과 '音(소리 음)'
> : 立(설 립) 아래에 里(마을 리)가 있으면 '童(아이 동)', 立 아래에 日(날 일)이 있으면 '音(소리 음)'.

**3** 다음 밑줄 친 漢字語(한자어)를 漢字(한자)로 쓰세요.

> **보기**
>
> ## 한자 ➡ 漢字

❶ 내 동생은 <u>신동</u>입니다. ( )

❷ <u>가족</u>이 모두 모였습니다. ( )

❸ <u>예식</u>은 이미 시작되었습니다. ( )

❹ 구슬을 색깔별로 <u>구분</u>해 놓았습니다. ( )

❺ 부모님은 매일 <u>회사</u>에 출근하십니다. ( )

❻ 오늘 영어 시간에 <u>분반</u> 수업을 했습니다. ( )

❼ <u>후손</u>에게 찬란한 문화 유산을 물려줍시다. ( )

❽ 동네 아주머니께 가볍게 <u>목례</u>를 했습니다. ( )

❾ 학생 수가 줄어들어 <u>합반</u> 수업을 했습니다. ( )

❿ 우리 나라와 이웃 나라는 <u>화친</u>을 맺었습니다. ( )

⓫ <u>사례</u>를 들어 설명하면 이해하기가 더 쉽습니다. ( )

⓬ 많은 양의 일은 <u>분업</u>하면 빨리 끝낼 수 있습니다. ( )

**4** 다음 漢字(한자)의 反對字(반대자) 또는 相對字(상대자)를 찾아 그 번호를 쓰세요.

❶ 孫 : ① 子  ② 神  ③ 祖  ④ 女  ( )

**5** 다음에서 소리는 같으나 뜻이 다른 漢字(한자)를 찾아 그 번호를 쓰세요.

❶ 神 : ① 新    ② 禮    ③ 族    ④ 使        (        )

❷ 和 : ① 式    ② 畫    ③ 童    ④ 會        (        )

❸ 李 : ① 朴    ② 族    ③ 理    ④ 例        (        )

**6** 다음 뜻을 가진 단어를 쓰세요.

> 보기
>
> 중국에서 만들어진 글자 ➡ 한자

❶ 서로 의좋게 지냄                              (        )

❷ 예법에 따라 치르는 의식                        (        )

❸ 재주와 슬기가 남달리 뛰어난 아이              (        )

**7** ❶ 朴

㉠ 획의 쓰는 순서를 아래에서 찾아 번호를 쓰세요. (        )

① 세 번째        ② 네 번째
③ 다섯 번째      ④ 여섯 번째

❷ 例

㉠ 획의 쓰는 순서를 아래에서 찾아 번호를 쓰세요. (        )

① 여섯 번째      ② 일곱 번째
③ 여덟 번째      ④ 아홉 번째

# 한자성어

|漢|字|끝|내|기|

한자 성어의 뜻을 확실히 알고
쓸 수 있도록 지도해 주세요.

05

## 八 方 美 人 (팔방미인)

여덟 **팔**   모 **방**   아름다울 **미**   사람 **인**

'八方美人'은 여러(八) 방면(方)에서 아름다운(美) 사람(人)이란 뜻으로, '여러 방면에 능통한 사람'을 나타내는 말입니다.

저 애가 우리 반 반장이야. 공부도 잘 하고 운동도 잘 해. 게다가 얼굴까지 예뻐.

못하는 게 없나 봐. 정말 부럽다.

저런 사람을 가리켜 八方美人(팔방미인)이라고 하는 거야.

'八方美人'을 써 보세요.

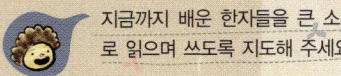

지금까지 배운 한자들을 큰 소리로 읽으며 쓰도록 지도해 주세요.

이번 주에 배운 한자를 모두 써 보세요.

| 神 | 神 | | | | | |
|---|---|---|---|---|---|---|
| 귀신 신 | 귀신 신 | | | | | |

| 童 | 童 | | | | | |
|---|---|---|---|---|---|---|
| 아이 동 | 아이 동 | | | | | |

| 孫 | 孫 | | | | | |
|---|---|---|---|---|---|---|
| 손자 손 | 손자 손 | | | | | |

| 族 | 族 | | | | | |
|---|---|---|---|---|---|---|
| 겨레 족 | 겨레 족 | | | | | |

| 李 | 李 | | | | | |
|---|---|---|---|---|---|---|
| 오얏/성 리 | 오얏/성 리 | | | | | |

| 朴 | 朴 | | | | | |
|---|---|---|---|---|---|---|
| 순박할/성 박 | 순박할/성 박 | | | | | |

| 禮 | 禮 | | | | | |
|---|---|---|---|---|---|---|
| 예도 례 | 예도 례 | | | | | |

| 式 | 式 | | | | | |
|---|---|---|---|---|---|---|
| 법 식 | 법 식 | | | | | |

| 和 | 和 | | | | | |
|---|---|---|---|---|---|---|
| 화할 화 | 화할 화 | | | | | |

| 例 | 例 | | | | | |
|---|---|---|---|---|---|---|
| 법식 례 | 법식 례 | | | | | |

# 16주차 기타Ⅱ 배우기

밝은 빛이 들어오는 창! 窓 (창 창)
흙 위에 세운 집! 堂 (집 당)
옷깃을 세운 옷! 衣 (옷 의)
몸을 보호하기 위해 입는 옷! 服 (옷 복)
사람이 모여 사는 고을! 郡 (고을 군)
궁궐이 있는 서울! 京 (서울 경)
궁궐 안의 뜰! 庭 (뜰 정)
사방이 담으로 둘러싸인 동산! 園 (동산 원)
사람이 앉는 자리! 席 (자리 석)
밭과 밭을 구분하는 지경(경계)! 界 (지경 계)

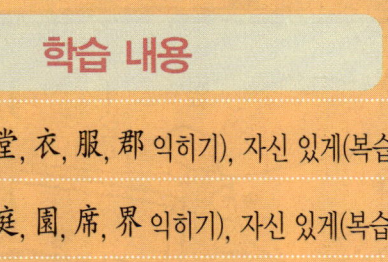

딩동댕~

자, 새로 전학 온 친구를 소개하겠어요.

안녕? 나는 대전에서 전학 온 김민수라고 해. 앞으로 친하게 지내자.

그러면 민수는 어디에 앉을까?

선생님! 제 옆자리[席]가 비었어요.

그래. 마침 지영이 옆자리가 비었구나. 민수는 지영이 옆에 가서 앉도록 해라.

席

이번 주에 배울 한자들을 미리 보는 곳이에요. 만화를 보면서 한 자에 흥미를 가질 수 있도록 지도해 주세요.

서울〔京〕로 전학 온 걸 환영해. 그 동안 혼자서 심심했었는데 앞으로 친하게 지내자.

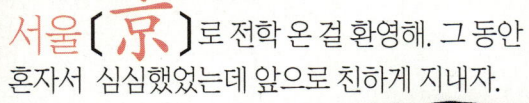

수업 끝나고 내가 학교 구경 시켜 줄게. 어때?

정말? 그렇게 해준다면 나야 고맙지~

앗! 물을 옷〔衣〕에 쏟았어. 어쩌지? 수업이 끝나려면 아직 멀었는데…….

많이 젖었네. 내 사물함에 체육복이 있으니까 옷〔服〕이 마를 때까지 그거라도 입고 있어.

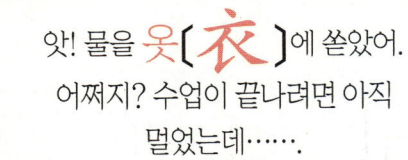

여자 옷이라 좀 그런가?

아니야. 잘 입을게. 고마워.

드디어 수업이 끝났다. 약속대로 학교 구경시켜 줄게. 가자!

응.

여기는 체육관이고, 저기는……

체육관

園 界

학교 담을
경계〔界〕로 멀리
동산〔園〕이
보이지?

응. 쉬는 시간에
창〔窓〕 밖으로 봤어.

窓

저기가 우리 고을〔郡〕에서
가장 아름다운 곳이야. 나중에
함께 가 보자.

郡

# 한자씩

**01** 02 03 04 05

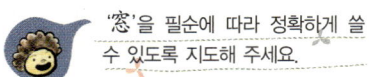

'窓'을 필순에 따라 정확하게 쓸 수 있도록 지도해 주세요.

밝은 빛이 들어오는 창! 窓(창 창)

창 밖에 벌써 해가 높이 떴네……

穴 + 悤 ▶ 窓

'窓'은 벽에 구멍(穴)을 내어 밝은(悤) 빛을 받는다는 데서 '창(창문)'을 뜻합니다.

**필순**에 따라 쓰며 **확실**하게 **외워 봐요**

丶 宀 宀 穴 穴 窏 窏 窓 窓 窓

窓 窓 窓 窓 窓
창 창 / 창 창 / 창 창 / 창 창 / 창 창

窓 窓 窓 窓 窓
창 창 / 창 창 / 창 창 / 창 창 / 창 창

窓
훈 창 음 창
(穴부, 총 11획)

## 어떻게 쓰일까?

• 찬바람이 불어 **창**문을 닫았습니다.

窓

＊窓門(창문) : 공기나 햇빛이 들어오도록 벽에 낸 작은 문

• 우연히 초등학교 동**창**을 만났습니다.

窓

＊同窓(동창) : 한 학교에서 공부를 한 사이

## 漢字 퀴즈

단어에 맞는 한자어가 되도록 알맞은 한자를 빈 칸에 써 보세요.

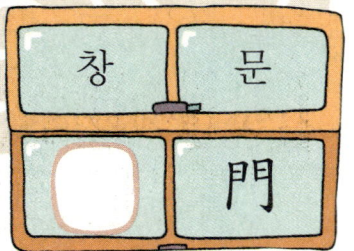

창 문 門

'堂(집 당)'과 '室(집 실)'은 뜻과 모양이 비슷한 한자이므로 혼동하지 않도록 지도해 주세요.

흙 위에 세운 **집**! 堂(집 당)

우와! 궁궐처럼 큰 기와**집**이다.

尚 + 土 → 堂

'堂'은 흙(土)을 높이(尚) 쌓아 그 위에 세운 건물이라는 데서 '집'을 뜻합니다.

\* '堂(집 당)'과 훈이 같은 한자에는 '家(집 가)'가 있습니다.

**필순**에 따라 쓰며 확실하게 **외워 봐요**

丨 丨 丬 丬 丬 尙 尙 尙 堂 堂 堂

| 堂 | 堂 | 堂 | 堂 | 堂 |
|---|---|---|---|---|
| 집 당 | 집 당 | 집 당 | 집 당 | 집 당 |
| 堂 | 堂 | 堂 | 堂 | 堂 |
| 집 당 | 집 당 | 집 당 | 집 당 | 집 당 |

堂

**훈** 집 **음** 당

(土부, 총 11획)

**어떻게** 쓰일까?

• 운동 경기에서 <u>당당</u>히 겨루었습니다.

堂

\* 堂堂(당당) : 매우 의젓하고 번듯한 모습이나 태도

• 어렸을 적에는 초**당**에서 자주 놀았습니다.

堂

\* 草堂(초당) : 집의 원채 밖에 있는 조그마한 집채

漢字 퀴즈

훈·음에 알맞은 한자를 빈 칸에 써 보세요.

집 당

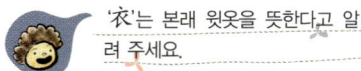
'衣'는 본래 윗옷을 뜻한다고 알려 주세요.

옷깃을 세운 옷! 衣 (옷 의)

엄마가 새로 사 주신 옷이야. 예쁘지?

介 ➡ 衣 ➡ 衣

'衣'는 웃옷의 깃을 세우고 입은 모습을 나타낸 글자로, '옷'을 뜻합니다.

\* '衣(옷 의)'와 음이 같은 한자에는 '醫(의원 의)'가 있습니다.

**필순에 따라 쓰며 확실하게 외워 봐요**

丶 亠 广 亣 衣 衣

훈 옷 음 의
(衣부, 총 6획)

| 衣 | 衣 | 衣 | 衣 | 衣 |
|---|---|---|---|---|
| 옷 의 | 옷 의 | 옷 의 | 옷 의 | 옷 의 |
| 衣 | 衣 | 衣 | 衣 | 衣 |
| 옷 의 | 옷 의 | 옷 의 | 옷 의 | 옷 의 |

**어떻게 쓰일까?**

• 우리는 백의민족입니다.
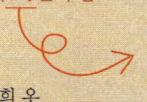
衣

\* 白衣(백의) : 흰 옷

• 어머니께서 의복을 손질하십니다.

衣

\* 衣服(의복) : 몸을 가리거나 보호하기 위하여 입는 것

**漢字 퀴즈**

훈은 다르고 음이 같은 한자입니다. 두 한자의 공통된 음을 써 보세요.

옷  衣
의원  醫
음

뜻이 같은 '服(옷 복)'과 '衣(옷 의)'가 합쳐져 '衣服(의복)'이라는 한자어가 된다고 알려 주세요.

 몸을 보호하기 위해 입는 **옷!** 服(옷 복)

옷을 얇게 입었더니 너무 추워.

月 + 殳 → 服

'服'은 몸〔月〕을 다스려〔殳〕 보호한다는 데서 '옷'을 뜻합니다.

\* '服(옷 복)'과 훈이 같은 한자에는 '衣(옷 의)'가 있습니다.

**필순**에 따라 쓰며 확실하게 **외워 봐요**

丿 刀 月 月 月 朋 服 服

服 ⑧

훈 옷 음 복

(月부, 총 8획)

| 服 | 服 | 服 | 服 | 服 |
|---|---|---|---|---|
| 옷 복 | 옷 복 | 옷 복 | 옷 복 | 옷 복 |
| 服 | 服 | 服 | 服 | 服 |
| 옷 복 | 옷 복 | 옷 복 | 옷 복 | 옷 복 |

**어떻게** 쓰일까?

• 삼촌이 결혼 예**복**을 입었습니다.

 服

\*禮服(예복) : 의식을 치르거나 예절을 차릴 때 입는 옷

• 형은 졸업 선물로 양**복**을 받았습니다.

服

\*洋服(양복) : 남자의 서양식 정장

漢字 퀴즈

훈은 같고 음이 다른 한자입니다. 두 한자의 공통된 훈을 빈 칸에 써 보세요.

衣 服

훈

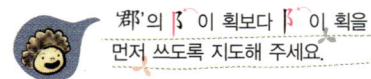
'郡'의 阝이 획보다 阝이 획을 먼저 쓰도록 지도해 주세요.

사람이 모여 사는 **고을**! 郡(고을 군)

우리 **고을**은 정말 살기 좋은 곳이야.

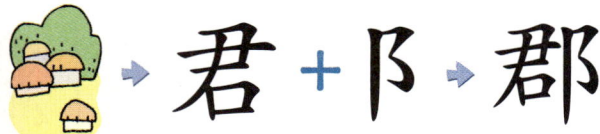
君 + 阝 ▶ 郡

'郡'은 사람이 모여〔君〕 사는 마을〔邑=阝〕이 라는 데서 '고을'을 뜻합니다.

\* 郡(고을 군)과 훈이 같은 한자에는 '邑(고을 읍)'이 있습니다.

**필순**에 따라 쓰며 확실하게 **외워 봐요**

ㄱ ㄲ ㅋ 尹 君 君 君 君' 君阝 郡

훈 고을  음 군

(邑(阝)부, 총 10획)

| 郡 | 郡 | 郡 | 郡 | 郡 |
|---|---|---|---|---|
| 고을 군 | 고을 군 | 고을 군 | 고을 군 | 고을 군 |
| 郡 | 郡 | 郡 | 郡 | 郡 |
| 고을 군 | 고을 군 | 고을 군 | 고을 군 | 고을 군 |

**어떻게** 쓰일까?

• **군**민 체육 대회가 열렸습니다.

郡

\* 郡民(군민) : 그 군에 사는 사람

• 우리 **군**읍은 살기가 좋습니다.

郡

\* 郡邑(군읍) : 군과 읍

漢字 퀴즈

훈·음에 알맞은 한자를 빈 칸에 써 보세요.

고을 군

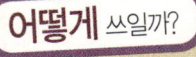

 문제를 풀며 한자를 정확히 외울
수 있도록 지도해 주세요.

한자의 알맞은 훈·음을 빈 칸에 써 보세요.

窓, 堂, 衣, 服, 郡 다시 한번 쓱쓱!

| 窓 | 窓 | | | |
|---|---|---|---|---|
| 창 창 | 창 창 | | | |
| 堂 | 堂 | | | |
| 집 당 | 집 당 | | | |
| 衣 | 衣 | | | |
| 옷 의 | 옷 의 | | | |
| 服 | 服 | | | |
| 옷 복 | 옷 복 | | | |
| 郡 | 郡 | | | |
| 고을 군 | 고을 군 | | | |

확인하기
窓 창 창 堂 집 당 衣 옷 의 服 옷 복 郡 고을 군

'京'에서 '서울'은 우리 나라의 수도를 뜻한다고 알려 주세요.
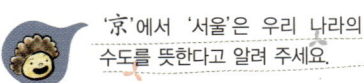

🌼 궁궐이 있는 **서울!** 京(서울 경)

서울에 있는 궁궐에는 임금님이 살고 계신단다.

'京'은 언덕 위에 높이 솟아 있는 궁궐의 모양을 나타낸 글자로, '서울'을 뜻합니다.

**필순**에 따라 쓰며 확실하게 **외워** 봐요

丶 一 ㅗ 宀 宀 宀 京 京 京

京

훈 서울　음 경

(⼇부, 총 8획)

| 京 | 京 | 京 | 京 | 京 |
|---|---|---|---|---|
| 서울 경 | 서울 경 | 서울 경 | 서울 경 | 서울 경 |
| 京 | 京 | 京 | 京 | 京 |
| 서울 경 | 서울 경 | 서울 경 | 서울 경 | 서울 경 |
|  |  |  |  |  |
|  |  |  |  |  |

**어떻게** 쓰일까?

• 기차를 타고 상**경**했습니다.

→ 京

\* 上京(상경) : 지방에서 서울로 올라옴

• 입**경**한 지 어느덧 십년이 흘렀습니다.

→ 京

\* 入京(입경) : 서울에 들어가거나 들어옴

 漢字 퀴즈

🔴 한자의 알맞은 훈·음을 찾아 선으로 이어 보세요.

郡 ・　　　　・ 서울 경

京 ・　　　　・ 옷 복

服 ・　　　　・ 고을 군

한자를 필순에 맞춰 바르게 쓰도
록 지도해 주세요. 庭 이 부분
을 가장 나중에 써야 합니다.

 궁궐 안의 **뜰**! 庭(뜰 정)

뜰 안에 꽃들이
활짝 피었네.

广 + 廷 ▸ 庭

'庭'은 지붕(广)이 있는 궁궐(廷)의 작은 마
당을 나타낸 글자로, '뜰'을 뜻합니다.

**필순**에 따라 쓰며
확실하게 **외워 봐요**

`丶 亠 广 广 庐 庐 庭 庭 庭 庭`

| 庭 | 庭 | 庭 | 庭 |
|---|---|---|---|
| 뜰 정 | 뜰 정 | 뜰 정 | 뜰 정 | 뜰 정 |
| 庭 | 庭 | 庭 | 庭 | 庭 |
| 뜰 정 | 뜰 정 | 뜰 정 | 뜰 정 | 뜰 정 |

**훈** 뜰 **음** 정

(广부, 총 10획)

**어떻게** 쓰일까?

• 체육 시간에 **정**구 시합을 하였습니다.

\* 庭球(정구) : 테니스의 이전 명칭

• 이모는 결혼하여 가**정**을 이루었습니다.

\* 家庭(가정) : 한 가족이 생활하는 집

 漢字 퀴즈

한자의 알맞은 훈과 음을 빈 칸에 써 보세요.

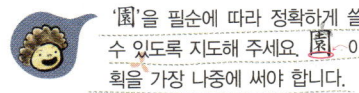

'園'을 필순에 따라 정확하게 쓸 수 있도록 지도해 주세요. 園 이 획을 가장 나중에 써야 합니다.

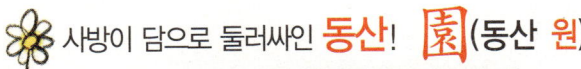

🌼 사방이 담으로 둘러싸인 **동산**! 園(동산 원)

내일 이 동산에서 다시 만나자.

🌍 ▶ 口 + 袁 ▶ 園

'園'은 사방이 담으로 길게(袁) 둘러싸인(口) 정원을 거닌다는 데서 '동산'을 뜻합니다.

\* '園(동산 원)'과 음이 같은 한자에는 '遠(멀 원)'이 있습니다.

**필순**에 따라 쓰며 확실하게 **외워 봐요**

丨 冂 冂 冃 周 周 周 周 閕 閕 園 園

🌺 **훈** 동산  **음** 원
(口부, 총 13획)

| 園 | 園 | 園 | 園 | 園 |
|---|---|---|---|---|
| 동산 원 | 동산 원 | 동산 원 | 동산 원 | 동산 원 |
| 園 | 園 | 園 | 園 | 園 |
| 동산 원 | 동산 원 | 동산 원 | 동산 원 | 동산 원 |

**어떻게** 쓰일까?

• 사람들은 낙**원**을 꿈꿉니다.

\* 樂園(낙원) : 안락하게 살 수 있는 즐거운 곳

園

• 할머니의 취미는 정**원** 가꾸기이십니다.

\* 庭園(정원) : 집 안에 있는 뜰

園

漢字 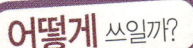 퀴즈

🌀 단어에 알맞은 한자를 찾아 빈 칸에 써 보세요.

| 園 | 堂 |
|---|---|
| 京 | 庭 |

정  원

'席'과 '度(법도 도)'를 혼동하지 않도록 지도해 주세요.

사람이 앉는 **자리!** 席(자리 석)

각자 **자리**에 앉으세요.

庶 + 巾 → 席

'席'은 여러[庶] 사람이 깔고 앉는 천(巾) 조각을 나타낸 글자로, '자리'를 뜻합니다.

**필순**에 따라 쓰며 확실하게 **외워 봐요**

`ᅳ 广 广 庐 庐 庐 庐 庐 席 席`

席

훈 **자리**  음 **석**

(巾부, 총 10획)

| 席 | 席 | 席 | 席 | 席 |
|---|---|---|---|---|
| 자리 석 | 자리 석 | 자리 석 | 자리 석 | 자리 석 |
| 席 | 席 | 席 | 席 | 席 |
| 자리 석 | 자리 석 | 자리 석 | 자리 석 | 자리 석 |

**어떻게** 쓰일까?

• 할아버지께서 병**석**에 계십니다.

 席

*病席(병석) : 환자가 앓아 누워 있는 자리

• 선생님께서 출**석**을 부르셨습니다.

席

*出席(출석) : 어떤 자리에 나아가 참석함

**漢字 퀴즈**

훈·음에 알맞은 한자를 찾아 ○해 보세요.

자리 석

度  庭  席

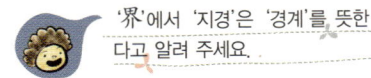

'界'에서 '지경'은 '경계'를 뜻한 다고 알려 주세요.

밭과 밭을 구분하는 **지경**(경계)! **界** (지경 계)

경계를 표시해서 땅을 나누도록 하자.

田 + 介 ➡ 界

'界'는 밭(田)과 밭 사이의 경계를 구분한다 (介)는 데서 '지경(경계)'을 뜻합니다.

**필순**에 따라 쓰며 확실하게 **외워 봐요**

ㅣ ㄇ �月 田 田 畀 畀 界 界

界

훈 지경  음 계

(田부, 총 9획)

| 界 | 界 | 界 | 界 | 界 |
|---|---|---|---|---|
| 지경 계 | 지경 계 | 지경 계 | 지경 계 | 지경 계 |
| 界 | 界 | 界 | 界 | 界 |
| 지경 계 | 지경 계 | 지경 계 | 지경 계 | 지경 계 |

**어떻게** 쓰일까?

• 어른이 되면 세**계** 일주를 하고 싶습니다.

界

\* 世界(세계) : 지구상의 모든 나라

• 회의에 각**계** 전문가가 모두 참석했습니다.

界

\* 各界(각계) : 사회의 각 방면

漢字 퀴즈

훈·음에 알맞은 한자를 빈 칸에 써 보세요.

지경 계

이번 주에 배운 한자를 모두 확인할 수 있는 문제예요. 재미있게 풀 수 있도록 도와 주세요.

한자의 알맞은 음을 빈 칸에 써 보세요.

京, 庭, 園, 席, 界 다시 한번 쓱쓱!

| 京 서울 경 | 京 서울 경 | | | |
|---|---|---|---|---|
| 庭 뜰 정 | 庭 뜰 정 | | | |
| 園 동산 원 | 園 동산 원 | | | |
| 席 자리 석 | 席 자리 석 | | | |
| 界 지경 계 | 界 지경 계 | | | |

끝장내기

이번 주에 배운 한자를 활용한 한자어입니다. 단어의 뜻을 설명해 주세요.

 한자어를 읽으면서 써 보세요.

| 同窓(동창) : 한 학교에서 공부를 한 사이 | | | | |
|---|---|---|---|---|
| 同窓 | 同窓 | 同窓 | | |
| 동 창 | 동 창 | 동 창 | | |

| 衣服(의복) : 몸을 가리거나 보호하기 위하여 입는 것 | | | | |
|---|---|---|---|---|
| 衣服 | 衣服 | 衣服 | | |
| 의 복 | 의 복 | 의 복 | | |

| 郡民(군민) : 그 군에 사는 사람 | | | | |
|---|---|---|---|---|
| 郡民 | 郡民 | 郡民 | | |
| 군 민 | 군 민 | 군 민 | | |

| 草堂(초당) : 집의 원채 밖에 있는 조그마한 집채 | | | | |
|---|---|---|---|---|
| 草堂 | 草堂 | 草堂 | | |
| 초 당 | 초 당 | 초 당 | | |

| 庭園(정원) : 집 안에 있는 뜰 | | | | |
|---|---|---|---|---|
| 庭園 | 庭園 | 庭園 | | |
| 정 원 | 정 원 | 정 원 | | |

| 出席(출석) : 어떤 자리에 나아가 참석함 | | | | |
|---|---|---|---|---|
| 出席 | 出席 | 出席 | | |
| 출 석 | 출 석 | 출 석 | | |

| 世界(세계) : 지구상의 모든 나라 | | | | |
|---|---|---|---|---|
| 世界 | 世界 | 世界 | | |
| 세 계 | 세 계 | 세 계 | | |

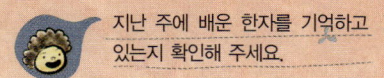 

**15**주차 되새김 15주차에서 배운 한자를 모두 기억하고 있나요?
문제를 풀며 확인해 보세요.

훈 · 음에 알맞은 한자를 빈 칸에 써 보세요.

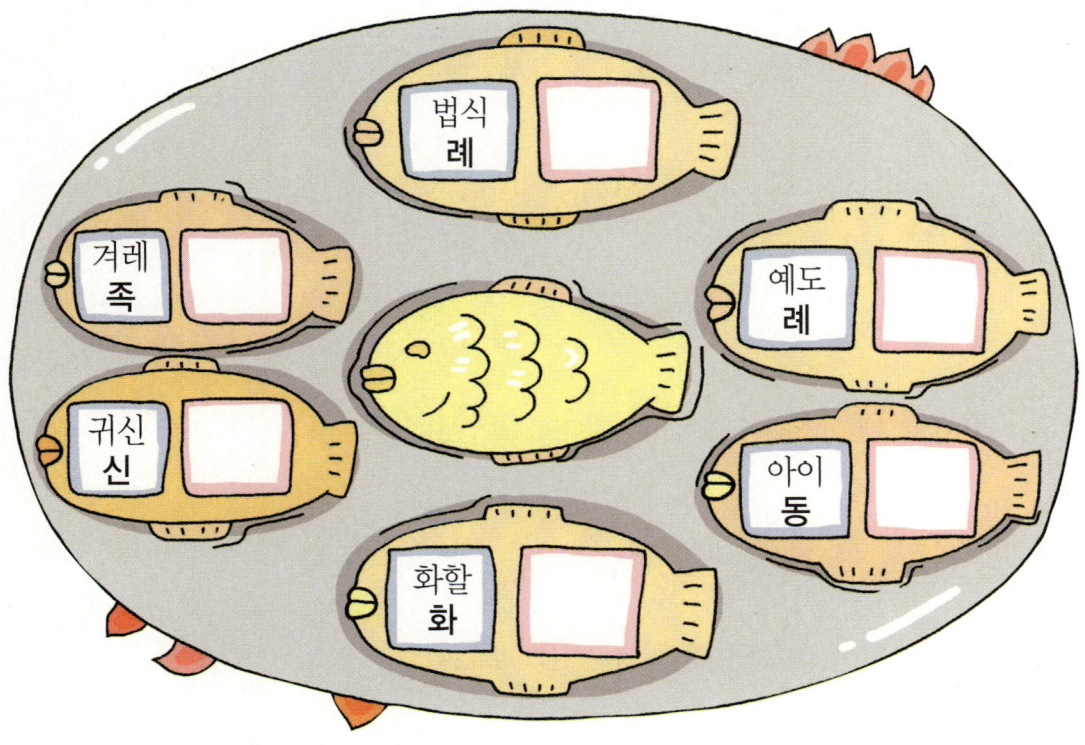

한자의 알맞은 훈 · 음을 빈 칸에 써 보세요.

 내 것만들기

 01 02 03 **04** 05

배운 한자를 시험 유형에 적용한
것입니다. 아이들이 당황하지 않
고 풀 수 있도록 지도해 주세요.

**1** 다음 漢字(한자)의 訓(훈)과 音(음)을 쓰세요.

> 보기
>
> 音 ➤ 소리 음

❶ 郡 (          )　　❷ 窓 (          )

❸ 界 (          )　　❹ 京 (          )

❺ 堂 (          )　　❻ 服 (          )

❼ 庭 (          )　　❽ 席 (          )

❾ 衣 (          )　　❿ 園 (          )

*모양이 비슷한 한자
席(자리 석)과, 度(법도 도)
: 바닥에 천[巾]을 깔고 앉는다는
데서 席(자리 석), 손[又]으로
헤아리는 일이라는 데서 度(법
도 도).

**2** 다음 漢字語(한자어)의 讀音(독음)을 쓰세요.

> 보기
>
> 讀音 ➤ 독음

❶ 衣服 (          )　　❷ 庭園 (          )

❸ 草堂 (          )　　❹ 神童 (          )

❺ 同窓 (          )　　❻ 郡民 (          )

❼ 世界 (          )　　❽ 出席 (          )

❾ 禮式 (          )　　❿ 禮服 (          )

*모양이 비슷한 한자
界(지경 계)와 果(실과 과)
: 밭[田]을 구분[介]한다는데
서 界(지경 계), 나무[木] 위
에 열매[田]가 있어 果(실과
과).

**3** 다음 밑줄 친 漢字語(한자어)를 漢字(한자)로 쓰세요.

| 한자 ➡ 漢字 |

❶ 겨울철 <u>의복</u>은 두껍습니다.                    (          )

❷ 내 동생은 과학 <u>신동</u>입니다.                    (          )

❸ <u>정원</u>에 꽃이 활짝 피었습니다.                  (          )

❹ 우리 집 뒤에 <u>초당</u>이 있습니다.                 (          )

❺ 12시에 <u>예식</u>이 시작되었습니다.                (          )

❻ 회관에 <u>군민</u>이 모두 모였습니다.               (          )

❼ 철수와 나는 초등학교 <u>동창</u>입니다.             (          )

❽ 담임선생님께서 <u>출석</u>을 부르십니다.            (          )

❾ 결혼 <u>예복</u>을 입은 신부가 매우 아름답습니다.  (          )

❿ 우리 나라의 경치는 <u>세계</u>에서 제일 뛰어납니다. (          )

**4** 다음 漢字(한자)와 뜻이 비슷한 漢字(한자)를 찾아 그 번호를 쓰세요.

❶ 衣 : ① 京   ② 服   ③ 席   ④ 庭      (          )

❷ 郡 : ① 園   ② 界   ③ 堂   ④ 邑      (          )

❸ 堂 : ① 家   ② 衣   ③ 界   ④ 京      (          )

**5** 다음에서 소리는 같으나 뜻이 다른 漢字(한자)를 찾아 그 번호를 쓰세요.

❶ 衣 : ① 醫  ② 窓  ③ 和  ④ 堂    (        )

❷ 園 : ① 近  ② 庭  ③ 區  ④ 遠    (        )

**6** 다음 뜻을 가진 단어를 쓰세요.

보기

중국에서 만들어진 글자 ➡ 한자

❶ 집 안에 있는 뜰                    (        )

❷ 어떤 자리에 나아가 참석함          (        )

❸ 한 학교에서 공부를 한 사이        (        )

❹ 몸을 가리거나 보호하기 위하여 입는 것  (        )

**7** ❶ 界

㉠ 획의 쓰는 순서를 아래에서 찾아 번호를 쓰세요. (        )

① 여섯 번째          ② 일곱 번째
③ 여덟 번째          ④ 아홉 번째

❷ 園

㉠ 획의 쓰는 순서를 아래에서 찾아 번호를 쓰세요. (        )

① 여덟 번째          ② 아홉 번째
③ 열 번째            ④ 열한 번째

# 한자성어

|漢|字|끝|내|기|

한자 성어의 뜻을 확실히 알고
쓸 수 있도록 지도해 주세요.

# 草 綠 同 色 (초록동색)

풀 **초**　　푸를 **록**　　한가지 **동**　　빛 **색**

'草綠同色'은 풀〔草〕의 색〔色〕이 푸른〔綠〕색으로 모두 똑같다〔同〕는 뜻으로,
'처지가 같은 사람들끼리 한 패가 되는 경우'를 나타낸 말입니다.

너희들 왜 그러고 있어?
싸웠니?

글쎄 철수가 반장 선거를 할 때 자기는
남자라고 무조건 남자 후보를 뽑겠다고
그러잖아. 그게 말이 되니?

하하. 草綠同色(초록동색) 이라더니…….
그럼 우리는 여자니까 무조건 여자 후보를
반장으로 뽑아야 하는 거네.

'草綠同色'을 써 보세요.

草　綠　同　色
풀 초　푸를 록　한가지 동　빛 색

草　綠　同　色
풀 초　푸를 록　한가지 동　빛 색

이번 주에 배운 한자들을 필순에 따라 정확하게 쓸 수 있도록 지도해 주세요.

이번 주에 배운 한자를 모두 써 보세요.

| 窓 창 창 | 窓 창 창 | | | | | |
|---|---|---|---|---|---|---|
| 堂 집 당 | 堂 집 당 | | | | | |
| 衣 옷 의 | 衣 옷 의 | | | | | |
| 服 옷 복 | 服 옷 복 | | | | | |
| 郡 고을 군 | 郡 고을 군 | | | | | |
| 京 서울 경 | 京 서울 경 | | | | | |
| 庭 뜰 정 | 庭 뜰 정 | | | | | |
| 園 동산 원 | 園 동산 원 | | | | | |
| 席 자리 석 | 席 자리 석 | | | | | |
| 界 지경 계 | 界 지경 계 | | | | | |

정답

6급 13주

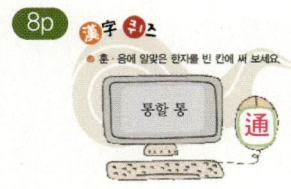

8p 漢字 퀴즈
- 훈·음에 알맞은 한자를 빈 칸에 써 보세요.
통할 통  通

9p 漢字 퀴즈
- 한자의 알맞은 훈과 음을 찾아 선으로 이어 보세요.
通 — 빈다 — 신
信 — 통하다 — 통

10p 漢字 퀴즈
- 훈·음에 알맞은 한자를 빈 칸에 써 보세요.
부릴 사  使

11p 漢字 퀴즈
- 한자의 알맞은 훈과 음을 찾아 ○해 보세요.
用

12p
- 에 알맞은 한자를 빈 칸에 써 보세요.
信 用 通 使

13p 漢字 퀴즈
- 훈이 '공평하다'인 한자를 찾아 ○해 보세요.
通 公 用

14p 漢字 퀴즈
- 한자어의 알맞은 독음을 빈 칸에 써 보세요.
公共  공공

15p 漢字 퀴즈
- 한자의 알맞은 훈·음을 빈 칸에 써 보세요.
幸  다행 행

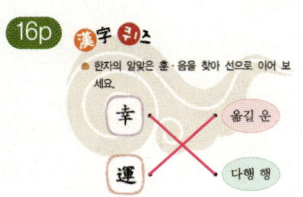

16p 漢字 퀴즈
- 한자의 알맞은 훈·음을 찾아 선으로 이어 보세요.
幸 — 옮길 운
運 — 다행 행

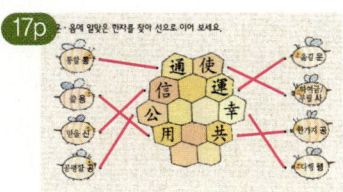

17p
- 에 알맞은 한자를 찾아 선으로 이어 보세요.

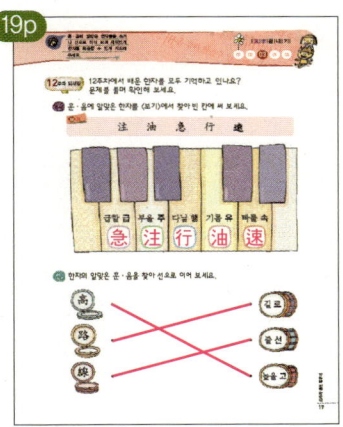

19p

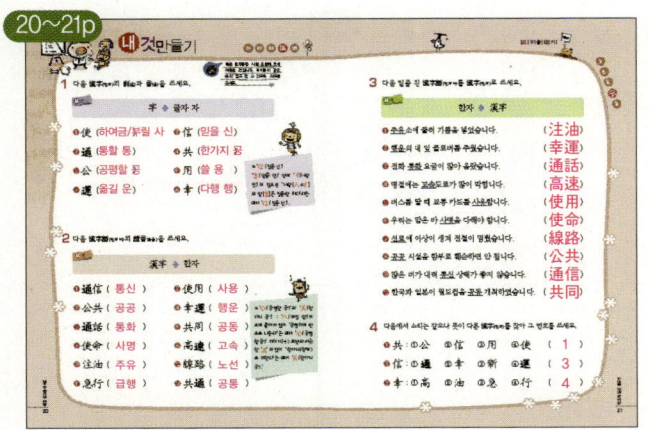

20~21p

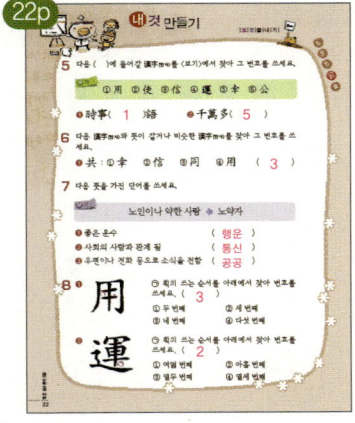

22p

95

# 정답

**6급 14주**

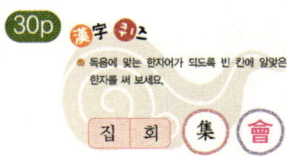

30p 漢字 퀴즈
독음에 맞는 한자어가 되도록 빈 칸에 알맞은 한자를 써 보세요.

집 회 集 會

31p 漢字 퀴즈
훈은 같고 음이 다른 한자들입니다. 두 한자의 공통된 훈을 써 보세요.

社 會
훈 모이다

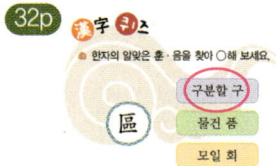

32p 漢字 퀴즈
한자의 알맞은 훈·음을 찾아 ○해 보세요.

區
구분할 구
물건 품
모일 회

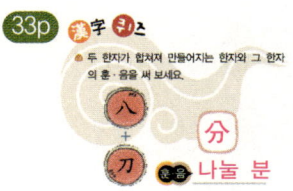

33p 漢字 퀴즈
두 한자가 합쳐져 만들어지는 한자와 그 한자의 훈·음을 써 보세요.

八 + 刀 = 分 훈·음 나눌 분

34p 음에 알맞은 한자를 찾아 빈 칸에 써 보세요.

社 會 分 區
구분할 구 區　모일 사 社
모일 회 會　나눌 분 分

35p 漢字 퀴즈
훈·음에 알맞은 한자를 찾아 ○해 보세요.

합할 합
會 分 合

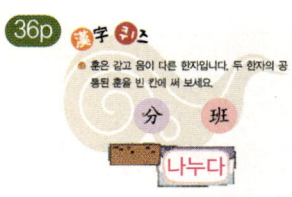

36p 漢字 퀴즈
훈은 같고 음이 다른 한자입니다. 두 한자의 공통된 훈을 빈 칸에 써 보세요.

分 班
나누다

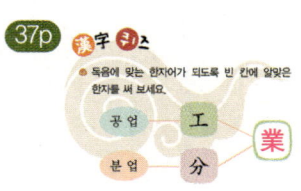

37p 漢字 퀴즈
독음에 맞는 한자어가 되도록 빈 칸에 알맞은 한자를 써 보세요.

공업 工
분업 分 業

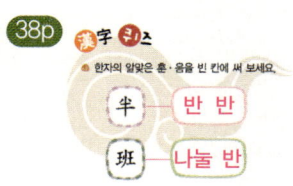

38p 漢字 퀴즈
한자의 알맞은 훈·음을 빈 칸에 써 보세요.

半 반 반
班 나눌 반

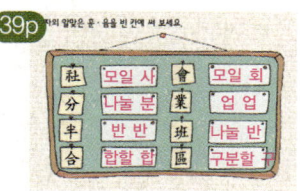

39p 자의 알맞은 훈·음을 빈 칸에 써 보세요.

社 모일 사　會 모일 회
分 나눌 분　業 업 업
半 반 반　班 나눌 반
合 합할 합　區 구분할 구

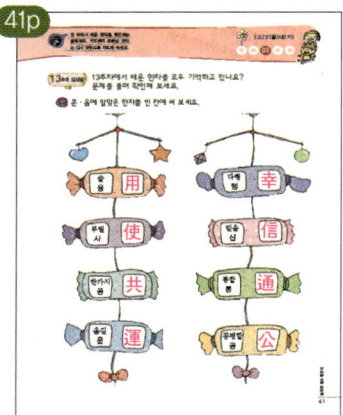

41p

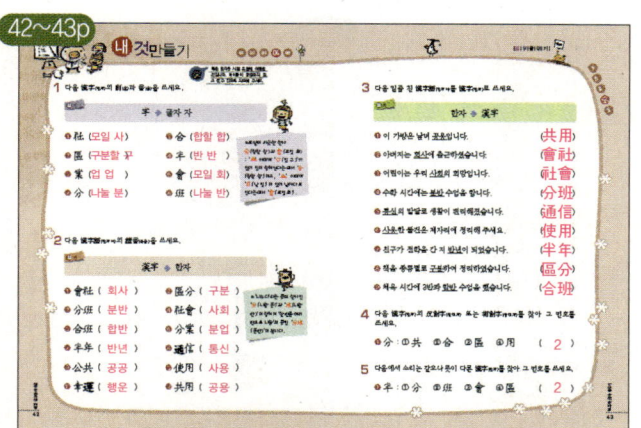

42~43p 내 것 만들기

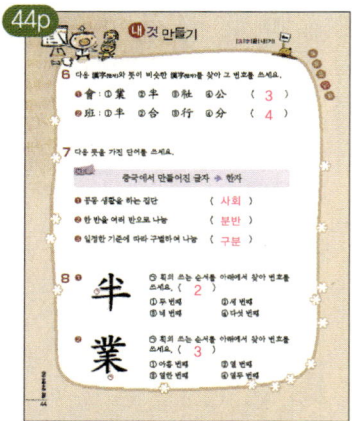

44p 내 것 만들기

**52p** 漢字 퀴즈
🔸 훈이 다르고 음은 같은 한자들입니다. 한자들의 공통된 음을 써 보세요.

身 新 神
음 신

**53p** 漢字 퀴즈
🔸 밑줄 친 단어가 훈이고, 음이 '동'인 한자를 빈 칸에 써 보세요.

아이야
이 동네에 우체국이 어디 있는지 아니?

童

**54p** 漢字 퀴즈
🔸 단어들에 공통으로 들어 있는 글자에 ○하고, 그 글자에 알맞은 한자와 그 한자의 훈·음을 써 보세요.

손자 손녀 후손

孫 훈음 손자 손

**55p** 漢字 퀴즈
🔸 훈이 '겨레'인 한자를 찾아 ○해 보세요.

族 神 孫

**56p** 漢字 퀴즈
🔸 한자의 알맞은 훈·음을 빈 칸에 써 보세요.

李 오얏/성 리

**57p**
🔸 한자의 알맞은 훈·음을 찾아 선으로 이어 보세요.

童 李 族 神 孫

겨레 족 | 오얏/성 리 | 아이 동 | 손자 손 | 귀신 신

**58p** 漢字 퀴즈
🔸 훈·음에 알맞은 한자를 빈 칸에 써 보세요.

순박할/성 박
朴

**59p** 漢字 퀴즈
🔸 훈·음에 알맞은 한자를 찾아 ○해 보세요.

예도 례
神 禮 體 業

**60p** 漢字 퀴즈
🔸 단어에 맞는 한자어가 되도록 밑줄 친 글자에 알맞은 한자를 빈 칸에 써 보세요.

신식 — 新 式
예식 — 禮

**61p** 漢字 퀴즈
🔸 두 한자가 더해져 만들어지는 한자와 그 한자의 훈·음을 빈 칸에 써 보세요.

禾 口
和 훈음 화할 화

**62p** 漢字 퀴즈
🔸 훈은 다르고 음이 같은 한자입니다. 한자의 공통된 음을 써 보세요.

禮 예도 例 법식
음 례

**63p**
🔸 훈·음에 알맞은 한자를 빈 칸에 써 보세요.

孫 和 族 例 禮
손자 손 | 화할 화 | 겨레 족 | 법식 례 | 예도 례
神 朴 式 童 李
귀신 신 | 순박할/성 박 | 법식 식 | 아이 동 | 오얏/성 리

**65p**

**66~67p** 내것만들기
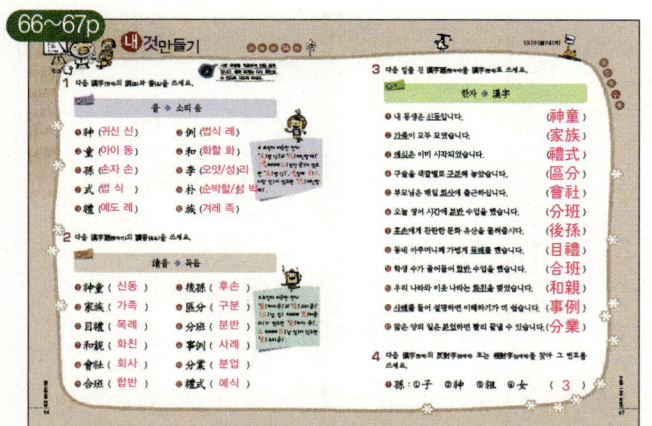

**68p** 내것만들기
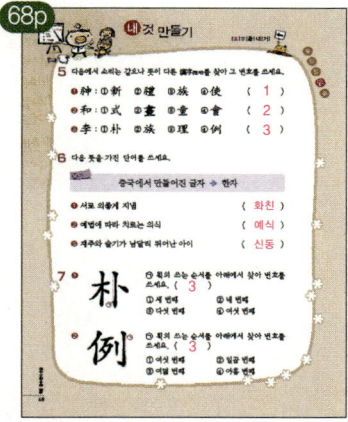

# 정답

**76p** 漢字 퀴즈
단어에 맞는 한자어가 되도록 알맞은 한자를 빈 칸에 써 보세요.

| 창 | 문 |
|---|---|
| 窓 | 門 |

**77p** 漢字 퀴즈
훈·음에 알맞은 한자를 빈 칸에 써 보세요.

집 당
堂

**78p** 漢字 퀴즈
훈은 다르고 음이 같은 한자입니다. 두 한자의 공통된 음을 써 보세요.

옷 → 衣
의원 → 醫
음 → 의

**79p** 漢字 퀴즈
훈은 같고 음이 다른 한자입니다. 두 한자의 공통된 훈을 빈 칸에 써 보세요.

衣 服
훈 → 옷

**80p** 漢字 퀴즈
훈·음에 알맞은 한자를 빈 칸에 써 보세요.

고을 군
郡

**81p** 알맞은 훈·음을 빈 칸에 써 보세요.

| 堂 | 집 당 |
|---|---|
| 服 | 옷 복 |
| 郡 | 고을 군 |
| 窓 | 창 창 |
| 衣 | 옷 의 |

**82p** 漢字 퀴즈
한자의 알맞은 훈·음을 찾아 선으로 이어 보세요.

郡 ── 서울 경
京 ── 옷 복
服 ── 고을 군

**83p** 漢字 퀴즈
한자의 알맞은 훈과 음을 빈 칸에 써 보세요.

庭
훈 → 뜰  음 → 정

**84p** 漢字 퀴즈
단어에 알맞은 한자를 찾아 빈 칸에 써 보세요.

| 園 | 堂 |
|---|---|
| 京 | 庭 |

정 원
庭 園

**85p** 漢字 퀴즈
훈·음에 알맞은 한자를 찾아 ○해 보세요.

자리 석
度 庭 (席)

**89p**
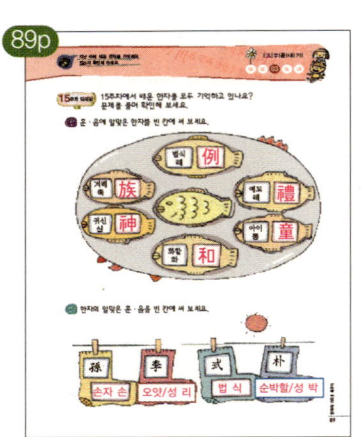

**86p** 漢字 퀴즈
훈·음에 알맞은 한자를 빈 칸에 써 보세요.

지경 계
界

**87p** 한자의 알맞은 음을 빈 칸에 써 보세요.

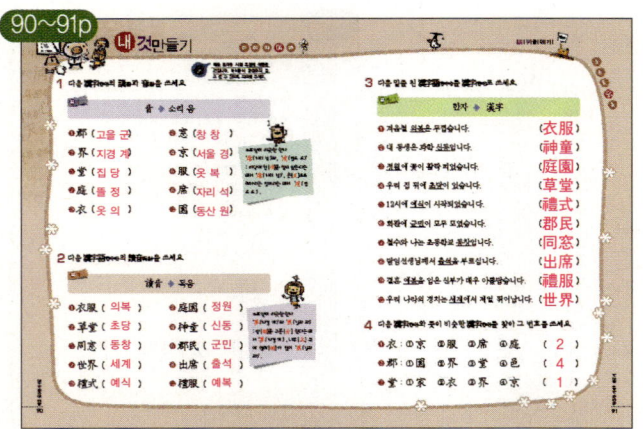

| 界 | 계 | 服 | 복 | 衣 | 의 |
|---|---|---|---|---|---|
| 京 | 경 | 窓 | 창 | 庭 | 정 | 堂 | 당 |
| | | 郡 | 군 | 園 | 원 | 席 | 석 |

**90~91p** 내것만들기

1 다음 漢字어의 訓과 음을 쓰세요.

| 한자 | 훈 | 소리 음 |
|---|---|---|
| 郡 | 고을 | 군 |
| 界 | 지경 | 계 |
| 堂 | 집 | 당 |
| 庭 | 뜰 | 정 |
| 衣 | 옷 | 의 |

| 窓 | 창 | 창 |
|---|---|---|
| 京 | 서울 | 경 |
| 服 | 옷 | 복 |
| 席 | 자리 | 석 |
| 園 | 동산 | 원 |

2 다음 漢字어의 讀音을 쓰세요.

| 漢字어 | 讀音 (독음) |
|---|---|
| 衣服 | 의복 |
| 草堂 | 초당 |
| 同窓 | 동창 |
| 世界 | 세계 |
| 禮式 | 예식 |

| 庭園 | 정원 |
|---|---|
| 神童 | 신동 |
| 郡民 | 군민 |
| 出席 | 출석 |
| 禮服 | 예복 |

3 다음 밑줄 친 漢字어를 漢字로 쓰세요.

| 한자 → 漢字 |
|---|
| 저승철 의복은 수월습니다. (衣服) |
| 내 동생은 참 신동입니다. (神童) |
| 정원에 꽃이 활짝 피었습니다. (庭園) |
| 우리 집 뒤에 초당이 있습니다. (草堂) |
| 12시에 예식이 시작되었습니다. (禮式) |
| 화창날 군민이 모두 모였습니다. (郡民) |
| 철수와 나는 초등학교 동창입니다. (同窓) |
| 담임선생님께서 출석을 부르십니다. (出席) |
| 결혼 예복을 입은 신부가 매우 아름답습니다. (禮服) |
| 우리 나라의 경치는 세계에서 제일 아름답니다. (世界) |

4 다음 漢字어와 뜻이 비슷한 漢字어를 찾아 그 번호를 쓰세요.

| 衣 : ①京 ②服 ③席 ④庭 | ( 2 ) |
|---|---|
| 郡 : ①園 ②界 ③堂 ④邑 | ( 4 ) |
| 堂 : ①家 ②衣 ③界 ④京 | ( 1 ) |

**92p** 내것 만들기

5 다음에 소리는 같으나 뜻이 다른 漢字를 찾아 그 번호를 쓰세요.

| 衣 : ①窓 ②和 ③和 ④堂 | ( 1 ) |
|---|---|
| 園 : ①近 ②庭 ③區 ④建 | ( 4 ) |

6 다음 뜻을 가진 단어를 쓰세요.

| 중국에서 만들어진 글자 → 한자 |
|---|
| 집 안에 있는 뜰 ( 정원 ) |
| 어떤 자리에 나아가 참석함 ( 출석 ) |
| 한 학교에서 공부를 한 사이 ( 동창 ) |
| 몸을 가리거나 보호하기 위하여 입는 것 ( 의복 ) |

7
界
園

①획의 쓰는 순서를 아래에서 찾아 번호를 쓰세요.
①여섯 번째  ②일곱 번째
③여덟 번째  ④아홉 번째
( 3 )

①획의 쓰는 순서를 아래에서 찾아 번호를 쓰세요.
①여섯 번째  ②여덟 번째
③아홉 번째  ④열한 번째
( 3 )

부수(部首)란 한자 사전에서 한자를 찾는데 필요한 길잡이가 되는 글자로 같은 부수에 포함되는 글자는 기본적으로 비슷한 의미를 담고 있습니다. 그래서 부수를 기억한 후에 한자와 뜻을 자연스럽게 연상시켜보면 쉽게 한자의 뜻을 알 수 있습니다.

| | |
|---|---|
| **竹**<br>대 **죽** | '竹'이 들어간 한자는 '대나무'라는 뜻이 포함되어 있습니다.<br><br>第 (차례 제) : 대나무[竹] 쪽에 글을 써서 차례대로 엮다.<br>等 (무리 등) : 대나무[竹]처럼 가지런히 정리해 무리를 짓다. |
| **糸**<br>실 **사** | '糸'가 들어간 한자는 '실'이라는 뜻이 포함되어 있습니다.<br><br>綠 (푸를 록) : 초록빛 실[糸]<br>紙 (종이 지) : 실[糸]같은 섬유질이 엉켜 만들어진 종이 |
| **門**<br>문 **문** | '門'이 들어간 한자는 '문'이라는 뜻이 포함되어 있습니다.<br><br>開 (열 개)　　 : 두 손으로 양쪽 문[門]을 열다.<br>間 (사이 간) : 양쪽 사이가 벌어진 문[門] |
| **目**<br>눈 **목** | '目'이 들어간 한자는 '눈'이라는 뜻이 포함되어 있습니다.<br><br>看 (볼 간)　　　　 : 눈[目]으로 보다.<br>省 (살필 성/덜 생) : 눈[目]으로 살피다. |
| **邑**<br>고을 **읍** | '邑(阝)'이 들어간 한자는 '고을'이라는 뜻이 포함되어 있습니다.<br><br>郡 (고을 군)　 : 사람들이 모여 고을[阝]을 이루다.<br>部 (거느릴 부) : 사람이 사는 고을[阝]의 한 구역을 거느리다.<br>＊이 곳에 들어가는 '阝(읍)'은 한자의 오른쪽에 있는 부수입니다. |
| **阜**<br>언덕 **부** | '阜(阝)'가 들어간 한자는 '언덕'이라는 뜻이 포함되어 있습니다.<br><br>陽 (볕 양) : 언덕[阜=阝]에 비치는 햇빛<br>＊이 곳에 들어가는 '阝(부)'는 한자의 왼쪽에 있는 부수입니다. |

| | |
|---|---|
| 辵<br>쉬엄쉬엄갈 **착** | '辵(辶)'이 들어간 한자는 '가다'라는 뜻이 포함되어 있습니다.<br><br>遠 (멀 원) : 멀리 가다(辶).<br>運 (옮길 운) : 군사들이 전차를 움직여 앞으로 가다(辶). |
| 人<br>사람 **인** | '人(亻)'이 들어간 한자는 '사람'이라는 뜻이 포함되어 있습니다.<br><br>休 (쉴 휴) : 사람(亻)이 나무 아래에서 쉬다.<br>便 (편할 편) : 사람(亻)이 편하도록 바꾸다. |
| 火<br>불 **화** | '火(灬)'가 들어간 한자는 '불'이라는 뜻이 포함되어 있습니다.<br><br>然 (그럴 연) : 고기를 불(灬)에 태우다.<br>秋 (가을 추) : 벼가 익는 가을에 메뚜기를 불(火)에 태우다. |
| 草<br>풀 **초** | '草(艹)'가 들어간 한자는 '풀'이라는 뜻이 포함되어 있습니다.<br><br>藥 (약 약) : 풀(艹)로 만든 약<br>苦 (쓸 고) : 풀(艹)이 오래되면 쓰다. |
| 言<br>말씀 **언** | '言'이 들어간 한자는 '말(말씀)'이라는 뜻이 포함되어 있습니다.<br><br>讀 (읽을 독)  : 책에 있는 말씀(言)을 읽다.<br>訓 (가르칠 훈) : 바른 말(言)로 가르치다. |
| 水<br>물 **수** | '水(氵)'가 들어간 한자는 '물'이라는 뜻이 포함되어 있습니다.<br><br>注 (부을 주) : 물(水)을 붓다.<br>油 (기름 유) : 물(水)처럼 나오는 기름 |
| 冫<br>얼음 **빙** | '冫'이 들어간 한자는 '얼음'이라는 뜻이 포함되어 있습니다.<br><br>冬 (겨울 동) : 얼음(冫)이 어는 계절 |

| 口 입 구 | ‘口’가 들어간 한자는 ‘입’이라는 뜻이 포함되어 있습니다.<br><br>問 (물을 문) : 문 앞에서 입(口)으로 묻다.<br>名 (이름 명) : 밤에는 입(口)으로 이름을 불러 사람을 구별하다. |
| --- | --- |
| 心 마음 심 | ‘心’이 들어간 한자는 ‘마음’이라는 뜻이 포함되어 있습니다.<br><br>急 (급할 급) : 마음(心)이 급하다.<br>感 (느낄 감) : 마음(心)으로 느끼다. |
| 土 흙 토 | ‘土’가 들어간 한자는 ‘흙’이라는 뜻이 포함되어 있습니다.<br><br>在 (있을 재) : 흙(土) 속에 싹이 있다.<br>場 (마당 장) : 햇살이 비치는 흙(土)이 있는 넓은 마당 |
| 子 아들 자 | ‘子’가 들어간 한자는 ‘아이(아들)’라는 뜻이 포함되어 있습니다.<br><br>孝 (효도 효) : 늙은 부모를 업고 있는 아이(子)<br>字 (글자 자) : 집 안에서 글자를 배우는 아이(子) |
| 木 나무 목 | ‘木’이 들어간 한자는 ‘나무’라는 뜻이 포함되어 있습니다.<br><br>植 (심을 식) : 나무(木)를 심다.<br>林 (수풀 림) : 나무(木)가 많은 숲 |
| 宀 집 면 | ‘宀’이 들어간 한자는 ‘집’이라는 뜻이 포함되어 있습니다.<br><br>家 (집 가)　 : 돼지가 있는 집(宀)<br>安 (편안 안) : 여자가 집(宀) 안에 있으면 편안한다. |
| 足 발 족 | ‘足’이 들어간 한자는 ‘발’이라는 뜻이 포함되어 있습니다.<br><br>路 (길 로) : 발(足)로 다니는 길 |

# 6급 급수한자 쓰기 노트

🌀 한자의 훈과 음을 큰 소리로 읽으며 필순에 맞게 써 보세요.

| 通 | | | | |
|---|---|---|---|---|
| 통할 **통** | | | | |
| (辶(辶)부, 총 11획) | | | | |

| 信 | | | | |
|---|---|---|---|---|
| 믿을 **신** | | | | |
| (人(亻)부, 총 9획) | | | | |

**잠깐 확인** 한자의 훈·음을 빈 칸에 쓰고 한자어를 읽어 보세요.

| 通 | | 通路(통로) 通話(통화) |
|---|---|---|
| 信 | | 通信(통신) 信用(신용) |

한자의 훈과 음을 큰 소리로 읽으며 필순에 맞게 써 보세요.

使
하여금/부릴 사
(人(亻)부, 총 8획)

用
쓸 용
(用부, 총 5획)

 잠깐 확인  한자의 훈·음을 빈 칸에 쓰고 한자어를 읽어 보세요.

使　　　使者(사자)　使命(사명)

用　　　愛用(애용)　使用(사용)

🍵 한자의 훈과 음을 큰 소리로 읽으며 필순에 맞게 써 보세요.

| 公 | | | | |
|---|---|---|---|---|
| **공평할 공**<br>(八부, 총 4획) | | | | |
| | | | | |

| 共 | | | | |
|---|---|---|---|---|
| **한가지 공**<br>(八부, 총 6획) | | | | |
| | | | | |

**잠깐 확인** 한자의 훈·음을 빈 칸에 쓰고 한자어를 읽어 보세요.

| 公 | | 公共(공공)　公開(공개) |
|---|---|---|
| 共 | | 共同(공동)　共通(공통) |

🌀 한자의 훈과 음을 큰 소리로 읽으며 필순에 맞게 써 보세요.

| 幸 다행 행 (干부, 총 8획) | | | | | |
|---|---|---|---|---|---|
| | | | | | |
| | | | | | |

| 運 옮길 운 (辵(辶)부, 총 13획) | | | | | |
|---|---|---|---|---|---|
| | | | | | |
| | | | | | |

🔖 **잠깐 확인** 한자의 훈·음을 빈 칸에 쓰고 한자어를 읽어 보세요.

多幸(다행)  不幸(불행)

幸運(행운)  運命(운명)

🥬 한자의 훈과 음을 큰 소리로 읽으며 필순에 맞게 써 보세요.

| 會<br>모일 회<br>(曰부, 총 13획) | | | | | |
|---|---|---|---|---|---|
| | | | | | |

| 社<br>모일 사<br>(示부, 총 8획) | | | | | |
|---|---|---|---|---|---|
| | | | | | |

 잠깐 확인 한자의 훈·음을 빈 칸에 쓰고 한자어를 읽어 보세요.

| 會 | | 會食(회식)   集會(집회) |
|---|---|---|
| 社 | | 社會(사회)   會社(회사) |

한자의 훈과 음을 큰 소리로 읽으며 필순에 맞게 써 보세요.

| 區 | | | | | |
|---|---|---|---|---|---|
| 구분할 구<br>(匚부, 총 11획) | | | | | |
| | | | | | |

| 分 | | | | | |
|---|---|---|---|---|---|
| 나눌 분<br>(刀부, 총 4획) | | | | | |
| | | | | | |

 한자의 훈·음을 빈 칸에 쓰고 한자어를 읽어 보세요.

區 [        ]     區間(구간)    區分(구분)

分 [        ]     部分(부분)    分別(분별)

6급 급수한자 쓰기 노트

한자의 훈과 음을 큰 소리로 읽으며 필순에 맞게 써 보세요.

| 合 합할 합<br>(口부, 총 6획) | | | | |
|---|---|---|---|---|
| | | | | |

| 班 나눌 반<br>(玉(王)부, 총 10획) | | | | |
|---|---|---|---|---|
| | | | | |

 잠깐 확인 한자의 훈·음을 빈 칸에 쓰고 한자어를 읽어 보세요.

合 集合(집합)  合班(합반)

班 班長(반장)  分班(분반)

한자의 훈과 음을 큰 소리로 읽으며 필순에 맞게 써 보세요.

業

업 **업**

(木부, 총 13획)

半

반 **반**

(十부, 총 5획)

 **잠깐 확인**  한자의 훈·음을 빈 칸에 쓰고 한자어를 읽어 보세요.

業

工業(공업)   分業(분업)

半

半白(반백)   半年(반년)

한자의 훈과 음을 큰 소리로 읽으며 필순에 맞게 써 보세요.

| 神 | | | | |
|---|---|---|---|---|
| 귀신 신 (示부, 총 10획) | | | | |
| | | | | |

| 童 | | | | |
|---|---|---|---|---|
| 아이 동 (立부, 총 12획) | | | | |
| | | | | |

**잠깐 확인** 한자의 훈·음을 빈 칸에 쓰고 한자어를 읽어 보세요.

神                 神童(신동)    神堂(신당)

童                 童話(동화)    童心(동심)

한자의 훈과 음을 큰 소리로 읽으며 필순에 맞게 써 보세요.

| 孫 | | | | |
|---|---|---|---|---|
| 손자 손 (子부, 총 10획) | | | | |
| | | | | |

| 族 | | | | |
|---|---|---|---|---|
| 겨레 족 (方부, 총 11획) | | | | |
| | | | | |

**잠깐 확인** 한자의 훈·음을 빈 칸에 쓰고 한자어를 읽어 보세요.

孫　　　　　孫子(손자)　後孫(후손)

族　　　　　民族(민족)　家族(가족)

🥬 한자의 훈과 음을 큰 소리로 읽으며 필순에 맞게 써 보세요.

| 李 | | | |
|---|---|---|---|
| **오얏/성 리**<br>(木부, 총 7획) | | | |
| | | | |

| 朴 | | | |
|---|---|---|---|
| **순박할/성 박**<br>(木부, 총 6획) | | | |
| | | | |

📏 **잠깐 확인** 한자의 훈·음을 빈 칸에 쓰고 한자어를 읽어 보세요.

李 ⬚⬚⬚⬚⬚⬚⬚⬚     李家(이가)

朴 ⬚⬚⬚⬚⬚⬚⬚⬚     朴家(박가)

🥬 한자의 훈과 음을 큰 소리로 읽으며 필순에 맞게 써 보세요.

| 禮 예도 례 (示부, 총 18획) | | | | | |
|---|---|---|---|---|---|
| | | | | | |

| 式 법 식 (弋부, 총 6획) | | | | | |
|---|---|---|---|---|---|
| | | | | | |

한자의 훈·음을 빈 칸에 쓰고 한자어를 읽어 보세요.

| 禮 | | 目禮(목례)　答禮(답례) |
|---|---|---|
| 式 | | 禮式(예식)　新式(신식) |

🌱 한자의 훈과 음을 큰 소리로 읽으며 필순에 맞게 써 보세요.

| 和 | | | | |
|---|---|---|---|---|
| **화할** **화**<br>(口부, 총 8획) | | | | |
| | | | | |

| 例 | | | | |
|---|---|---|---|---|
| **법식** **례**<br>(人(亻)부, 총 8획) | | | | |
| | | | | |

**잠깐 확인** 한자의 훈·음을 빈 칸에 쓰고 한자어를 읽어 보세요.

和 　　　　　　　温和(온화)　和親(화친)

例 　　　　　　　例外(예외)　事例(사례)

한자의 훈과 음을 큰 소리로 읽으며 필순에 맞게 써 보세요.

窓

창 **창**
(穴부, 총 11획)

堂

집 **당**
(土부, 총 11획)

**잠깐 확인** 한자의 훈·음을 빈 칸에 쓰고 한자어를 읽어 보세요.

窓門(창문)   同窓(동창)

堂堂(당당)   草堂(초당)

🌱 한자의 훈과 음을 큰 소리로 읽으며 필순에 맞게 써 보세요.

| 衣 | | | | |
|---|---|---|---|---|
| 옷 의 (衣부, 총 6획) | | | | |
| | | | | |

| 服 | | | | |
|---|---|---|---|---|
| 옷 복 (月부, 총 8획) | | | | |
| | | | | |

**잠깐 확인** 한자의 훈·음을 빈 칸에 쓰고 한자어를 읽어 보세요.

| 衣 | | 白衣(백의)　衣服(의복) |
|---|---|---|
| 服 | | 禮服(예복)　洋服(양복) |

한자의 훈과 음을 큰 소리로 읽으며 필순에 맞게 써 보세요.

| 郡 | | | | |
|---|---|---|---|---|
| 고을 군 | | | | |
| (邑(阝)부, 총 10획) | | | | |

| 京 | | | | |
|---|---|---|---|---|
| 서울 경 | | | | |
| (亠부, 총 8획) | | | | |

 **잠깐 확인** 한자의 훈·음을 빈 칸에 쓰고 한자어를 읽어 보세요.

| 郡 | | 郡民(군민)  郡邑(군읍) |
|---|---|---|
| 京 | | 上京(상경)  入京(입경) |

한자의 훈과 음을 큰 소리로 읽으며 필순에 맞게 써 보세요.

| 庭 뜰 정 (广부, 총 10획) | | | | |
|---|---|---|---|---|
| | | | | |
| | | | | |

| 園 동산 원 (□부, 총 13획) | | | | |
|---|---|---|---|---|
| | | | | |
| | | | | |

 **잠깐 확인** 한자의 훈·음을 빈 칸에 쓰고 한자어를 읽어 보세요.

| 庭 | | 庭球(정구) 家庭(가정) |
|---|---|---|
| 園 | | 樂園(낙원) 庭園(정원) |

🍃 한자의 훈과 음을 큰 소리로 읽으며 필순에 맞게 써 보세요.

| 席 | | | | |
|---|---|---|---|---|
| 자리 석 (巾부, 총 10획) | | | | |
| | | | | |

| 界 | | | | |
|---|---|---|---|---|
| 지경 계 (田부, 총 9획) | | | | |
| | | | | |

잠깐 확인  한자의 훈·음을 빈 칸에 쓰고 한자어를 읽어 보세요.

病席(병석)   出席(출석)

世界(세계)   各界(각계)

🌀 한자어를 큰 소리로 읽으며 써 보세요.

| 通話 | 通話 | 電信 | 電信 |
|---|---|---|---|
| 통 화 | 통 화 | 전 신 | 전 신 |

| 使者 | 使者 | 使命 | 使命 |
|---|---|---|---|
| 사 자 | 사 자 | 사 명 | 사 명 |

| 使用 | 使用 | 公共 | 公共 |
|---|---|---|---|
| 사 용 | 사 용 | 공 공 | 공 공 |

| 公開 | 公開 | 共同 | 共同 |
|---|---|---|---|
| 공 개 | 공 개 | 공 동 | 공 동 |

| 共通 | 共通 | 不幸 | 不幸 |
|---|---|---|---|
| 공 통 | 공 통 | 불 행 | 불 행 |

| 多幸 | 多幸 | 運命 | 運命 |
|---|---|---|---|
| 다 행 | 다 행 | 운 명 | 운 명 |

한자어를 큰 소리로 읽으며 써 보세요.

| 幸運 | 幸運 | 會食 | 會食 |
|---|---|---|---|
| 행 운 | 행 운 | 회 식 | 회 식 |

| 集會 | 集會 | 社會 | 社會 |
|---|---|---|---|
| 집 회 | 집 회 | 사 회 | 사 회 |

| 分班 | 分班 | 區間 | 區間 |
|---|---|---|---|
| 분 반 | 분 반 | 구 간 | 구 간 |

| 區分 | 區分 | 部分 | 部分 |
|---|---|---|---|
| 구 분 | 구 분 | 부 분 | 부 분 |

| 分別 | 分別 | 集合 | 集合 |
|---|---|---|---|
| 분 별 | 분 별 | 집 합 | 집 합 |

| 合班 | 合班 | 班長 | 班長 |
|---|---|---|---|
| 합 반 | 합 반 | 반 장 | 반 장 |

한자어를 큰 소리로 읽으며 써 보세요.

| 工業 | 工業 | 分業 | 分業 |
|---|---|---|---|
| 공 업 | 공 업 | 분 업 | 분 업 |

| 半年 | 半年 | 神童 | 神童 |
|---|---|---|---|
| 반 년 | 반 년 | 신 동 | 신 동 |

| 神堂 | 神堂 | 童話 | 童話 |
|---|---|---|---|
| 신 당 | 신 당 | 동 화 | 동 화 |

| 童心 | 童心 | 孫子 | 孫子 |
|---|---|---|---|
| 동 심 | 동 심 | 손 자 | 손 자 |

| 後孫 | 後孫 | 民族 | 民族 |
|---|---|---|---|
| 후 손 | 후 손 | 민 족 | 민 족 |

| 家族 | 家族 | 李家 | 李家 |
|---|---|---|---|
| 가 족 | 가 족 | 이 가 | 이 가 |

한자어를 큰 소리로 읽으며 써 보세요.

| 禮式 | 禮式 | 目禮 | 目禮 |
|---|---|---|---|
| 예 식 | 예 식 | 목 례 | 목 례 |

| 答禮 | 答禮 | 溫和 | 溫和 |
|---|---|---|---|
| 답 례 | 답 례 | 온 화 | 온 화 |

| 例外 | 例外 | 事例 | 事例 |
|---|---|---|---|
| 예 외 | 예 외 | 사 례 | 사 례 |

| 窓門 | 窓門 | 同窓 | 同窓 |
|---|---|---|---|
| 창 문 | 창 문 | 동 창 | 동 창 |

| 草堂 | 草堂 | 衣服 | 衣服 |
|---|---|---|---|
| 초 당 | 초 당 | 의 복 | 의 복 |

| 禮服 | 禮服 | 洋服 | 洋服 |
|---|---|---|---|
| 예 복 | 예 복 | 양 복 | 양 복 |

🥬 한자어를 큰 소리로 읽으며 써 보세요.

| 郡民 | 郡民 | 郡邑 | 郡邑 |
|------|------|------|------|
| 군 민 | 군 민 | 군 읍 | 군 읍 |

| 上京 | 上京 | 家庭 | 家庭 |
|------|------|------|------|
| 상 경 | 상 경 | 가 정 | 가 정 |

| 庭球 | 庭球 | 樂園 | 樂園 |
|------|------|------|------|
| 정 구 | 정 구 | 낙 원 | 낙 원 |

| 庭園 | 庭園 | 出席 | 出席 |
|------|------|------|------|
| 정 원 | 정 원 | 출 석 | 출 석 |

| 千萬多幸 | 千萬多幸 |
|----------|----------|
| 천 만 다 행 | 천 만 다 행 |

| 時事用語 | 時事用語 |
|----------|----------|
| 시 사 용 어 | 시 사 용 어 |

| 角 | 各 | 感 | 強 | 開 |
|---|---|---|---|---|
| 뿔 **각** | 각각 **각** | 느낄 **감** | 강할 **강** | 열 **개** |
| 京 | 界 | 計 | 高 | 苦 |
| 서울 **경** | 지경 **계** | 셀/꾀 **계** | 높을 **고** | 쓸 **고** |
| 古 | 公 | 功 | 共 | 科 |
| 예 **고** | 공평할 **공** | 공 **공** | 한가지 **공** | 과목 **과** |
| 果 | 光 | 交 | 球 | 區 |
| 실과 **과** | 빛 **광** | 사귈 **교** | 공 **구** | 구분할 **구** |
| 郡 | 根 | 近 | 今 | 急 |
| 고을 **군** | 뿌리 **근** | 가까울 **근** | 이제 **금** | 급할 **급** |
| 級 | 多 | 短 | 堂 | 代 |
| 등급 **급** | 많을 **다** | 짧을 **단** | 집 **당** | 대신할 **대** |

| | | | | |
|---|---|---|---|---|
| 對 | 待 | 圖 | 度 | 讀 |
| 대할 **대** | 기다릴 **대** | 그림 **도** | 법도 **도**/헤아릴 **탁** | 읽을 **독**/구두 **두** |
| 童 | 頭 | 等 | 樂 | 例 |
| 아이 **동** | 머리 **두** | 무리 **등** | 즐길 **락** | 법식 **례** |
| 禮 | 路 | 綠 | 理 | 利 |
| 예도 **례** | 길 **로** | 푸를 **록** | 다스릴 **리** | 이로울 **리** |
| 李 | 明 | 目 | 聞 | 米 |
| 오얏/성 **리** | 밝을 **명** | 눈 **목** | 들을 **문** | 쌀 **미** |
| 美 | 朴 | 反 | 半 | 班 |
| 아름다울 **미** | 성/순박할 **박** | 돌이킬 **반** | 반 **반** | 나눌 **반** |
| 發 | 放 | 番 | 別 | 病 |
| 필 **발** | 놓을 **방** | 차례 **번** | 다를/나눌 **별** | 병 **병** |

| | | | | |
|---|---|---|---|---|
| 服 | 本 | 部 | 班 | 社 |
| 옷 복 | 근본 본 | 거느릴/떼 부 | 나눌 분 | 모일 사 |
| 使 | 死 | 書 | 石 | 席 |
| 하여금/부릴 사 | 죽을 사 | 글 서 | 돌 석 | 자리 석 |
| 線 | 雪 | 成 | 省 | 消 |
| 줄 선 | 눈 설 | 이룰 성 | 살필 성 / 덜 생 | 사라질 소 |
| 速 | 孫 | 樹 | 術 | 習 |
| 빠를 속 | 손자 손 | 나무 수 | 재주 술 | 익힐 습 |
| 勝 | 始 | 式 | 信 | 身 |
| 이길 승 | 비로소 시 | 법 식 | 믿을 신 | 몸 신 |
| 新 | 神 | 失 | 愛 | 野 |
| 새 신 | 귀신 신 | 잃을 실 | 사랑 애 | 들 야 |

| 夜 | 弱 | 藥 | 洋 | 陽 |
|---|---|---|---|---|
| 밤 야 | 약할 약 | 약 약 | 큰바다 양 | 볕 양 |
| 言 | 業 | 英 | 永 | 溫 |
| 말씀 언 | 업 업 | 꽃부리 영 | 길 영 | 따뜻할 온 |
| 勇 | 用 | 運 | 園 | 遠 |
| 날랠 용 | 쓸 용 | 옮길 운 | 동산 원 | 멀 원 |
| 由 | 油 | 銀 | 音 | 飮 |
| 말미암을 유 | 기름 유 | 은 은 | 소리 음 | 마실 음 |
| 意 | 醫 | 衣 | 者 | 昨 |
| 뜻 의 | 의원 의 | 옷 의 | 놈 자 | 어제 작 |
| 作 | 章 | 才 | 在 | 戰 |
| 지을 작 | 글 장 | 재주 재 | 있을 재 | 싸움 전 |